RECUEIL

DE

LETTRES ET FAITS

TRÈS-INTÉRESSANTS

SUR LA 3me PHASE DE MA DÉPLORABLE AFFAIRE

AVEC L'ÉVÊQUE DE LUÇON.

Ces lettres contiennent plusieurs de mes principales raisons de défens e.
Il serait bon de lire, avec ce recueil, mes deux mémoires justificatifs du 27 août 1847 et du 4 juin 1848.

A la fin, la FORFAITURE DU CURÉ DES LUCS, se trouve à la page 35.

PRIX : 2 FRANCS, A ROCHESERVIÈRE, CHEZ L'AUTEUR.

NANTES — IMPRIMERIE DU COMMERCE — V. MANGIN,
Quai de la Fosse, 25, et rue Neuve des Capucins, 10.

1849

RECUEIL

DE

LETTRES ET FAITS TRÈS-INTÉRESSANTS

SUR LA 3me PHASE DE MA DÉPLORABLE AFFAIRE

AVEC L'ÉVÊQUE DE LUÇON.

Priusquàm interroges, ne vituperes quemquam, et cùm interrogaveris, corripe justé. ECCLÉS., cap. II.

Je ne ferai que transcrire les lettres suivantes; le lecteur verra bien ce dont il s'agit, et fera lui-même ses réflexions.

A M. l'abbé Gouraud, missionnaire de St-Laurent, qui faisait l'intérim à Rocheservière avec son confrère, le père Denis.

MON REVÉREND PÈRE,

Il y a longtemps que l'on travaille à détruire en moi une illusion qui m'était pourtant bien douce (je pensais que tu m'aimais), et à me détromper sur un fait que je croyais acquis à toute la tendre affection que je t'ai vouée depuis si longtemps. J'ai toujours gardé le silence, bien qu'il me fût pesant et pénible, mais aujourd'hui je n'y tiens plus, mon cher Gustin! Il faut que tu me tires d'erreur, ou que tu me donnes la certitude que ce que plusieurs personnes ne cessent de me dire, est malheureusement fondé. En prenant mesure sur mon cœur, ma douce illusion consistait à croire qu'en qualité de compatriote et à cause d'une ancienne amitié d'enfance, il te restait encore pour moi un vieux sentiment d'affection qu'il n'est jamais facile d'effacer complètement. Je croyais qu'à Rocheservière, où de tous les prêtres du diocèse, tu aurais dû peut-être venir le dernier, et dans les déplorables affaires qui s'y passent, tu aurais, au moins, gardé une sage neutralité, si tu n'avais pas jugé à propos de me défendre dans les acharnées et incessantes attaques que les passions les plus honteuses et les plus anti-chrétiennes dirigent si injustement contre moi. Cette douce pensée que je nourrissais avec tant de plaisir, et dont mon pauvre cœur trouvait une consolante indemnité, vient enfin de se dissiper presqu'entièrement.

On m'assure, en effet, 1° Que tu me traites de *misérable*; mais, mon cher Gustin, tu te trompes d'expression: il faudrait dire, *malheureux*, et d'un malheur que je prie Dieu ardemment de détourner de toi.

2° Que tu ne croyais rien avant de m'avoir vu de près; mais que, depuis, c'est bien différent. Si tu me voyais de plus près encore, peut-être me rendraistu plus de justice. Tu ne vis que dans une atmosphère ennemie; tu ne vois journellement et n'entends parler que ceux qui me sont le plus cruellement hostiles et mes plus acharnés ennemis qui, un jour, seront bien en peine de prouver la plus petite portion des horribles et atroces calomnies que leur haine leur fait vomir contre moi. Tu ne vois point toutes les masses qui me restent sincèrement attachées, mais qui n'osent pas prendre ma défense ouvertement, pour ne pas perdre la pratique, qui pour avoir du pain à la porte, qui pour ne pas être privé de ses étrennes au bout de l'an, qui pour avoir encore sa journée, qui pour n'être pas mis à la porte, qui pour une raison, qui pour une autre, qui, pour la plupart surtout, parce qu'ils croient le lion dans le fossé et que vous les excitez encore.

3° Que vous n'apprenez pas grand'chose aujourd'hui ; mais que, quand vous serez partis, père Denis et toi, on en *apprendra* bien d'autres. Il y a là une contradiction. Puis quand vous serez partis, mon cher Gustin, on n'en *apprendra* pas plus que vous n'en savez maintenant, quand même on trouverait encore trois autres Messalines, honte de leur sexe, capables de calomnier plus sottement, et quand même on prescrirait à vos successeurs de *se servir des mêmes voies dont vous usez si largement et sans scrupule.*

4° Que lorsque les habitants des campagnes te demandent quand leur curé leur sera rendu, tu leur fais de moi le plus noir portrait, pour les détromper et me rendre odieux. Crois-moi, mon cher Gustin, quand on te fera une semblable question, il vaut mieux ne rien répondre, puisque tu ne le sais pas, et laisser les gens dans leur bonne foi, que de les détromper par des instructions dont le plus grand mal ne serait sûrement pas d'être contre la charité. Crois-moi, mon cher Gustin, ne fréquentons pas tant les hautes castes, et plutôt aimons ces bons habitants des campagnes, puisque c'est de là que tous deux, nous tirons notre noble origine....

5° Que les affreuses et déplorables lettres que j'attribue aux religieuses, ne sont point d'elles, que c'est moi qui les ai forgées. Sur ce point là, mon cher Gustin, tu es encore dans une plus grave erreur. Ces scandaleuses lettres existent. Elles sont tout entières de la main des religieuses, et pour t'en convaincre, fais-moi une petite visite amicale, je te ferai lire les autographes mêmes que je conserve. Au reste, je sais que les religieuses en nient la véracité, qu'elles ont cela de commun avec toi et avec des personnages plus haut placés ; mais là encore, il me sera facile de confondre cette odieuse calomnie; car tu comprends qu'on me met dans la dure nécessité de faire imprimer ces lettres avec mon mémoire, comme historique de ma cruelle affaire. Ce sera donner une bien triste et bien scandaleuse publicité, j'en conviens ; je m'en suis défendu autant que j'ai pu ; mais on m'accuse de les avoir fabriquées, ce serait un crime de faux qui, comme tu l'as dit encore, m'enverrait justement aux galères. Je dois m'en justifier, en faire tomber la honte et l'opprobre sur qui de droit, en prouvant l'authenticité de ces lettres aussi affligeantes pour le clergé que scandaleuses pour les peuples. Tu comprendras facilement qu'à quelque prix que ce soit, je ne veux passer pour faussaire. Je ne le peux ni pour l'honneur de ma robe, ni pour celui de la religion.

6° Que plusieurs autres choses ont eu lieu là où l'œil de Dieu seul doit voir et où l'œil de Dieu doit entendre ; que tu y as éprouvé des déceptions et quelquefois même des réponses dures et amères.

7° Que j'ai volé la fabrique, parce que dans trois mois, vous avez perçu plus que je ne donnais pendant un an. Mais tu ne remarques donc pas que, depuis votre arrivée, vous avez fait plus de sépultures et services que je n'en faisais en deux ans ; que tout le monde dit que, si vous continuez à expédier ainsi, vous ferez bientôt un désert de la paroisse. Consulte les registres maintenant, et tu verras l'énorme différence. Puis, n'est-ce pas moi qui ai payé tout le mobilier de la sacristie et son entretien? N'est-ce pas moi qui payais toutes les dépenses mensuelles, puisqu'il n'y avait pas plus de bureau qu'il n'y en a maintenant? M. le trésorier d'ailleurs, serait bien étonnant de n'avoir pas mieux tenu sa comptabilité de recettes pendant 19 ans, s'il avait, des doutes! Tout le conseil ne savait-il pas que je payais les menues dépenses? N'y avait-il pas consenti? En avez-vous fait autant? Au reste, que l'on donne à cette affaire une favorable publicité, pour moi, à qui on la refuse dans toutes les autres infâmes et ténébreuses accusations; qu'on soulève la question judiciairement, je le demande, et, à l'éclat des discussions lumineuses et impartiales, il ressortira cette vérité manifeste, que, s'il y a des fripons dans la fabrique, ce que je crois bien, ce n'est sûrement pas moi. Pourquoi encore aujourd'hui, n'exécute-t-on pas une des plus rigoureuses prescriptions de la loi, celle d'avoir un coffre à trois clés?

Ne penses-tu pas avec moi, mon cher Gustin, que si tu as dit tout cela, j'en doute encore, tu aurais beaucoup mieux fait, dans les intérêts de la vérité et tout ensemble de la charité, de garder au moins un sage et prudent silence? N'est-ce point assez, n'est-ce point trop que l'on m'ait publiquement flétri par une censure aussi anti-canonique qu'imméritée; que sous mon nez, en présence de tous mes paroissiens, l'on m'ait stigmatisé au prône, par des écrits qu'on devrait appeler de véritables diatribes; que l'on ait répété la même flétrissure en mon absence; que, pour troisième fois, on ait étonné la chaire de vérité et de charité par des déclamations publiques aussi funestes et aussi deshonorantes pour tout le clergé, même pour la soutane violette, que pour moi personnellement; que l'on m'ait dénoncé au ministre, comme ayant fait une chose illégale, en recueillant le boisselage, toujours facultatif pour ceux qui le donnent: que, par un ostracisme que je ne comprends pas, on m'ait mis au ban de la religion, en defendant aux confrères, au moins tacitement, tout rapport avec moi; que l'on m'ait signalé comme un paria à éviter, un lépreux à fuir, et que, par là, on me prive des secours de la religion dans un moment où j'en ai le plus grand besoin; qu'en me tarissant les sources de la vie spirituelle, on me retire encore celle de la vie matérielle, en retenant mes mandats, dans un sentiment que personne ne pourra jamais comprendre? Et tous ces genres de sévérité sont-ils légitimés par la conduite d'un malheureux abattu, complètement soumis, comme les enfants de Loyola: *perinde ac cadaver?* Je puis bien dire avec vérité: *Circumdederunt me vituli multi, tauri pingues obsederunt me.* Fallait-il, mon cher Gustin, qu'à cet océan de peines et de tribulations de toute espèce, dans lequel on me submerge, tu vinsses aussi toi apporter ta cote personnelle de peines et de tribulations? Je comprends aujourd'hui, mon cher Gustin, va, que c'est là une tentation plus qu'humaine, *tentatio non vos apprehendat, nisi humana;* que de bons prêtres, flétris publiquement, torturés, pressurés, accablés de peines et abreuvés d'amertumes, privés surtout des secours de la religion, poursuivis et acculés, ont pu désespérer, déchoir, tomber, devenir la honte de la religion et l'opprobre du sanctuaire; mais ne crains pas, je commence à me tremper au feu des tribulations; j'ai assez d'énergie naturelle, d'amour-propre bien entendu, pour conserver la dignité de moi-même, et je pense que Dieu, qui nourrit les oiseaux des champs, et que je prierai toujours avec confiance, me continuera sa grâce, pour que je ne justifie pas les mesures d'excessive sévérité que l'on emploie contre moi, en oubliant l'auguste caractère dont j'ai l'honneur d'être revêtu et le saint habit que je porte. Je lui dirai toujours avec un espoir fondé: *redime me à calomniis hominum, ut custodiam mandata tua.* Je l'aime toujours et de tout mon cœur, quand même. Priez Dieu pour moi tous deux.

PIVETEAU, curé de Rocheservière.

Au Métropolitain.

MONSEIGNEUR,

C'est avec le plus profond étonnement et la douleur la plus vive que j'ai reçu l'ordonnance et la lettre que Votre Grandeur m'a adressées. Il m'a fallu lire ces deux pièces plusieurs fois, pour ne pas me croire sous l'empire d'une barbare hallucination, ou sous le poids écrasant d'un horrible cauchemar. Ce n'est qu'après avoir lu et relu encore, que mes yeux ont enfin détrompé mon esprit, en lui confirmant la trop triste et trop cruelle réalité.

J'ai hésité beaucoup, et ce n'est qu'après avoir longtemps balancé que je me suis décidé à répondre. Je désire vivement que ma réponse soit aussi modérée dans ses termes, que je la veux dans mon intention. Je demande instamment à Dieu de ne rien dire, de ne rien penser même qui ne se renferme dans les bornes des plus rigoureuses convenances. Rien au monde ne pourra jamais me faire haïr mes supérieurs, ni diminuer, en quoi que ce soit, la profonde et respectueuse vénération que je leur ai si justement vouée, et que je veux leur conserver, malgré tout, jusqu'à mon dernier soupir. Puis, Monseigneur, j'aime mieux laisser couler dans votre cœur paternel, dont j'ai été si heureux de trouver le facile chemin, des idées peut-être mal assises, mais qui me débordent, en me comblant d'une trop grande et trop juste douleur, plutôt que de les livrer à la publicité, tribunal toujours souverain et sans appel, il est vrai' mais à la barre duquel les impies, dans un langage à eux, accusent trop souvent les ecclésiastiques de fourberie, d'escamotage, de jésuitisme et d'escobarderie, bien que l'illustre corps épiscopal, surtout, soit aussi distingué par ses rares vertus que par ses talents supérieurs. Au reste, je ne dirai rien par moi-même; je veux laisser parler la logique des faits qui vont se dérouler et à la dure éloquence desquels je ne veux pas mêler la moindre acrimonie, la plus petite récrimination. Je ne veux que simplement, mais fidèlement raconter :

Il y aura bientôt deux ans que ma pénible et mille fois trop douloureuse affaire est pendante à Bordeaux, *ce qui prouve bien clairement qu'il n'est pas facile de me condamner*. Durant ces deux années qui m'ont paru deux énormes siècles de douleurs incroyables, j'ai souffert avec résignation, je crois, dans mon corps et dans mon âme, tout ce que la triste et faible humanité peut endurer de tortures physiques et morales, sans succomber sous leur poids écrasant. Si l'œil de Dieu a pu voir quelque tache dans ma conduite, je défie l'œil de l'homme d'y rien trouver à reprendre que ce qui est inhérent à la pauvre nature et à la faiblesse humaine.

J'avoue pourtant, avec grand plaisir, qu'au milieu des profondes humiliations qu'on s'étudiait à me faire essuyer et des tourments sans nombre dont on m'accablait, je trouvais à mes trop nombreuses blessures, un baume bien doux et bien consolateur, dans l'honorable correspondance que Votre Grandeur voulait bien avoir avec moi, et qui, par un espoir que je croyais fondé, soutenait ma vertu défaillante et mon courage presque abattu.

Il faudrait un autre langage que le mien, une plume autrement exercée, pour analyser les idées, les pensées, les sentiments, les émotions, les peines, les chagrins, les douleurs, les tourments, les tortures de tout genre et de toute espèce dont j'ai été tour-à-tour si cruellement et si injustement assailli; mais j'étais soutenu, dans ces inexprimables peines, par ma conscience d'abord et par l'espoir certain d'une solution, sinon favorable, au moins positive. Jugez donc, Monseigneur, de quel coup affreux j'ai été frappé par votre ordonnance et par votre lettre !...

Votre ordonnance du 17 courant, déclare mon appel non *recevable*. Un acte écrit tout entier de votre main, bien formulé, bien formalisé, bien réfléchi, que j'ai attendu pendant trois semaines, adressé et parvenu à moi, à Bordeaux même, où j'étais allé le chercher, rue Montbason, n° 26, daté du 12 septembre, déclare lui mon appel parfaitement *reçu* et devant avoir la suite convenable. Si cet acte n'était pas formel et bien expressif, il faudrait donc dire que quatre grands mois ont été nécessaires pour *décider* qu'on ne *déciderait* pas, ou pour décider qu'un appel *reçu n'est pas recevable*!.. Le fait seul de m'avoir demandé les pièces que j'ai fournies et que vous avez encore, ne prouverait-il pas surabondamment, s'il en était besoin, que mon appel a été reçu et que vous alliez juger? Et votre petite lettre autographe du 21 février, dans laquelle vous me disiez que vous alliez *donner à mon affaire la meilleure solution possible*, ne le prouve-t-elle encore pas mieux?

L'ordonnance se fonde sur ce que je suis contumax, mais je ne le suis pas plus au 17 janvier que je ne l'étais au 12 septembre et au moment de votre petite lettre! Puis, Monseigneur, je conçois que le droit d'appel ne peut pas favoriser un contumax de mauvaise foi; qu'il n'est un bouclier que pour l'innocence opprimée et qu'il ne peut pas servir à fomenter la désobéissance des inférieurs envers leurs supérieurs; mais est-ce bien là ma position? Je ne suis pas vraiment contumax, puisque, comme l'a dit M. l'abbé Gignoux, votre grand-vicaire, *j'ai été jugé sur pièces*, et puis toutes mes raisons contenues dans mon mémoire, d'accord avec le S. Concile de Trente, sess. 13, ch. 2, unies à tout ce qui s'est fait contre moi, ne suffisent-elles pas pour me donner le droit trop juste de décliner la compétence de mon évêque et légitimer mon refus de comparution? Oui, oui, Monseigneur, il faut le dire tout crument, me renvoyer aujourd'hui à mon évêque, après son jugement rendu, mon mémoire connu, dans l'état actuel des esprits, c'est évidemment m'envoyer à une condamnation certaine; c'est ne pouvoir pas ou ne vouloir pas tuer soi-même un pauvre mouton, mais l'envoyer à la boucherie!...

Au reste, Votre Grandeur le comprend bien elle-même, puisque, dans sa lettre, elle me conseille de ne pas suivre mon appel; elle va jusqu'à me dire qu'infailliblement je serais condamné... Cette opinion que je prends comme une positive, mais trop dure certitude, se fonde sur ce que les *griefs qui sont accumulés contre moi, sont trop graves et trop nombreux*. C'est, Monseigneur, ce que vous me dites, dans votre lettre du 17 courant! Eh bien, depuis deux ans, soit dans votre correspondance, soit dans mes deux voyages de Bordeaux, vous ne m'avez jamais parlé de ces prétendus griefs. Vous les connaissez donc aujourd'hui, Monseigneur; mais si mon évêque a parlé, il a parlé tout seul... et où est donc le tribunal, quel qu'il soit, qui ne voulût entendre qu'une partie, quelque confiance qu'elle inspirât d'ailleurs? Mais dans votre lettre du 29 octobre, vous me dites: *Si des griefs que vous ne connaîtriez pas, venaient, contre mon attente, à m'être déférés, je m'abstiendrais d'en juger, jusqu'à ce qu'en ayant eu connaissance, vous pussiez y répondre*. Dans une lettre postérieure, du 17 novembre, avant le voyage de mon évêque à Bordeaux, vous me dites encore: *Dans le cas où Monseigneur de Luçon aurait à me faire connaître des accusations ou des preuves nouvelles, j'aurais soin de vous les communiquer, afin que vous pussiez y répondre*. Dans une autre lettre plus nouvelle encore, du 24 décembre, après le voyage de mon évêque, en parlant de mon affaire, vous me dites: *Aucun incident n'est venu la compliquer*. Toutes ces paroles ne prouvent-elles pas plus qu'il ne faut, que mon appel était reçu et que vous aviez contracté, Monseigneur, l'obligation lourde et pénible, il est vrai, mais bien formelle de juger et de m'informer?

De plus, il ne devrait pas aujourd'hui être question de prétendues griefs que, depuis deux ans, j'aurais bien cruellement expiés, s'ils existaient. Je pensais que vous n'aviez à juger que l'inqualifiable jugement du 16 août; que c'était une cause toute différente de la première; car vous me dites, dans une lettre du 12 août: *Je suis obligé de vous faire observer qu'ignorant les griefs qui ont motivé le jugement rendu par Monseigneur de Luçon, il m'est impossible de confondre cette cause avec la précédente.*

Et puis, Monseigneur; *ces griefs si graves et si nombreux accumulés contre moi*, et qui m'empêcheraient, d'après ce que vous me dites de gagner même ma dernière cause, sont-ils canoniquement, juridiquement prouvés? me les a-t-on communiqués, même indiqués? Je suis sûr que vous ne les admettez pas sans preuves, ou je vous prierais instamment de me juger. Vous n'admettez pas le *conscientiâ informatâ* de mon évêque, puisque c'est ce qui a élevé un conflit entre les deux autorités, et fait porter ma première cause, m'avez-vous dit, au tribunal du Saint-Père.

La première fois, on m'a tenu pendant une année entière dans l'anxiété et les tourments les plus cruels, pour me pousser ensuite à Rome; la seconde, après avoir formellement reçu mon appel, on a employé quatre mois pour décider qu'il n'était pas recevable!... Cela prouve au moins bien clairement que, s'il n'est pas facile de condamner un collègue, il ne l'est guère plus de condamner un innocent... c'est une idée qui m'échappe, je prie qu'on me la pardonne.

Si aujourd'hui, vous connaissez *ces prétendus griefs si graves et si nombreux accumulés contre moi*, comment pouvez-vous me dire qu'aucun *incident n'est venu compliquer mon affaire!* Si vous les connaissez, je vous prie, je vous conjure instamment, Monseigneur, en vertu de la promesse que vous m'avez faite et renouvelée trois fois, de me les *communiquer*, de me donner les moyens de m'en justifier et de me juger ensuite régulièrement et suivant les SS. canons. C'est justement pour cela que j'ai souffert si horriblement depuis deux ans, c'est justement pour cela que nous avons demandé, en commun, à la cour de Rome, une décision que mon évêque craignait de voir arriver, et ce qui lui a fait rendre son dernier jugement, m'a dit M. l'abbé Gignoux, votre grand-vicaire. Il ne me sera pas plus difficile de pulvériser ces *prétendus griefs*, qu'il ne me l'a été de broyer l'incroyable jugement du 16 août. Si vous ne les connaissez pas, pourquoi me les reprochez-vous?

Si vous connaissez ces *prétendus griefs*, vous ne pouvez pas, Monseigneur, me renvoyer sans me les communiquer, sans me donner les moyens d'y répondre. C'est là votre avis, c'est celui de vos grands-vicaires, c'est celui de toute votre officialité, puisque ni les uns ni les autres vous n'admettez le *conscientiâ informatâ*. Au reste, ce serait donc pour ces *prétendus griefs* que vous me renverriez et non pas pour les chefs d'accusations si faux, si mal fondés, si incohérents, si matériellement absurdes, formulés dans le jugement du 16 août, puisque de votre aveu même, ce sont *deux causes toutes différentes*. Il faudrait donc au moins juger ce jugement; ce n'est que pour cela que j'ai fait un appel parfaitement reçu, et si j'étais coupable de ces *prétendus griefs si graves et si nombreux*, ce ne serait pas une raison, je pense, de me condamner pour des crimes que non-seulement je n'ai pas commis, mais que ni moi, ni personne au monde, ne pourrons jamais commettre, puisque personne ne peut prendre là où il n'y a rien, ou voler 100 francs là où il n'y a que 100 sous!..

Enfin, Monseigneur, dans votre dernière lettre, vous me conseillez de ne pas suivre mon appel, et à Bordeaux même, à l'audience que vous m'avez fait l'honneur de m'accorder, vous m'avez engagé à en appeler au conseil d'état, en me disant que c'était là où vous attendiez mon évêque...

Dans toutes les lettres que j'ai reçues, vous n'avez pas manqué une seule fois de me recommander instamment de faire disparaître mon mémoire justificatif, pour mes propres intérêts, et en écrivant à mon évêque, il l'a dit en pleine assemblée, vous lui faisiez paraître ce mémoire funeste pour lui... et quinze jours après votre ordonnance est venue briser complètement mes pauvres intérêts!....

Vous me conseillez de ne pas suivre mon appel... voyez, Monseigneur, quelle cruelle position vous me faites!... Si je suis mon appel, mon évêque ne m'écoutera pas; vous savez que je lui ai fait, sans succès et même sans réponse (il ne me répond jamais), deux requêtes aussi humbles que profondément respectueuses. S'il m'écoute, vous me prévenez que je serai condamné pour des *griefs graves et multipliés*, que je ne connais pas, qu'on ne veut pas me faire connaître! si je ne suis pas mon appel, il faut donner à l'église de Rocheservière 15,606 fr. et rester condamné comme voleur, exacteur, concussionnaire, simoniaque, *homicide*, excommunié, anathématisé... Si je fais disparaître mon mémoire, il faut, sans pouvoir me justifier, rester aux yeux de mes confrères, de mes concitoyens et du public, sous le poids infâme de si horribles et si injustes accusations! Si j'en appelle au conseil d'état, il voudra que mon évêque, que le métropolitain aient épuisé leur juridiction! et mon évêque et le métropolitain ne veulent pas juger, refusent de juger!..

Non, non, Monseigneur, je ne subirai point de semblables conditions. Sans arrogance, et autant que je le pourrai, sans orgueil, la couardise et la pusillanimité n'auront jamais été mon partage. Il faudra bien que je reçoive la tuile qui me tombera sur la tête; mais je ne prêterai jamais le dos pour recevoir stupidement les coups que l'on voudra me porter dans la position que l'on m'a si cruellement faite; le mutisme, si je le gardais, serait encore plus déshonorant pour le prêtre que criminel pour l'individu. J'emploierai tous le moyens, j'userai de tous les droits, je ferai toutes les démarches, je me servirai de toute mon énergie, je courrai même tous les dangers, *je compromettrai tous mes intérêts* pour me justifier; et si après avoir vaillamment combattu, je n'obtiens pas une justice qui m'est si bien due et qu'il me faille succomber, j'aurai au moins, avec la consolation d'une bonne conscience, la certitude d'avoir rempli un devoir, en tombant les armes à la main, en ne laissant pas prostituer, ni traîner dans la boue, pas plus l'auguste caractère dont j'ai l'honneur d'être revêtu, que la qualité d'honnête homme à laquelle je n'ai jamais forfait.

Agréez, etc.....

Au Métropolitain.

MONSEIGNEUR,

Il y a 15 jours que j'ai eu l'honneur de vous écrire, je n'ai point reçu de réponse; je m'en afflige profondément, mais je n'en suis pas étonné du tout et n'en suis nullement déconcerté. Silence complet et humiliant, pour moi, de la part de mon évêque qui ne me répond jamais; refus sans doute, bien arrêté de Monseigneur de Bordeaux, de m'envoyer un petit mot de conseil ou de compassion. En voilà, Monseigneur, plus qu'il n'en faut pour me confirmer, dans la résolution déjà prise de vous écrire tous les quinze jours. Je prévois et crains pourtant tout ensemble le moment où Votre Grandeur ne voudra même pas recevoir ou lire mes lettres; mais aussitôt que je croirai ce vilain jour venu, coûte que coûte, quelque temps qu'il fasse, en voiture ou à cheval, ou même à pied, avec ou sans argent, conduit par mon seul courage qu'on n'abattra point, soutenu par l'énergie dont Dieu m'a doué, mais poussé surtout par l'injustice de l'inqualifiable condition qu'on veut me faire et que je ne subirai jamais, je pars aussitôt et me rends encore à Bordeaux. Là Monseigneur, je parcourrai toutes les rues; je frapperai à toutes les portes, je fatiguerai vos grands-vicaires, je lasserai votre officialité, j'assiégerai Votre Grandeur elle-même dans son palais, et si vos gens m'éconduisent, sans que je puisse vous exposer toutes les infamies dont on me stigmatise si injustement, je coucherai sur les dalles froides de l'archevêché; je me clouerai à la porte de votre palais, plutôt que de revenir sans avoir obtenu une satisfaction qui m'est trop justement due.

J'ai consulté toutes les chroniques judiciaires ecclésiastiques et laïques, j'ai compulsé les fastes de tous les jugements passés, je me suis représenté tous les jugements à venir, j'ai lu toutes les biographies des juges passés et présents, je n'ai encore jamais pu trouver un cas le moindrement semblable à celui que l'on me fait : un accusé dont on reçoit l'appel par un acte le plus authentique, à qui l'on demande toutes les pièces pour juger, à qui vos lettres annoncent *la meilleure solution possible* et que l'on déclare ne pouvoir juger après qu'on en a examiné les raisons, pendant un an et qu'on les a sans doute trouvées trop bonnes ; un accusé que l'on dit contumax quand il a été bien jugé sur pièces, qu'on ne veut pas juger et à qui on reproche des *griefs accumulés et trop nombreux* qui ne devraient être que des raisons pour le juger plus promptement, en vérité, voilà un fait comme il n'y en a jamais eu, et très-sûrement comme il n'y en aura jamais ! ..

Dans l'état des événements actuels et dans la prévision peut-être fondée de ceux à venir, ne pensez-vous pas, Monseigneur, que les évêques feraient mieux de grouper autour d'eux, par les liens si doux de l'union et de la charité évangélique, si recommandée aux supérieurs par les saints canons, leurs curés respectifs et de bonne volonté, plutôt que de les pousser à un désespoir, condamnable sans doute, mais causé par des traitements d'une odieuse férocité, par des sévices sans nombre et par un despotisme plus insupportable encore ? N'est-ce pas au moment du combat et d'une défaite peut-être, qu'un général prudent doit réunir autour de lui tous ses soldats, et surtout son état-major ? Mais, quoi qu'il en soit, qu'on ne craigne pas. J'ai assez de la justice de ma cause, elle est assez belle, assez juste, assez sainte, elle est celle de l'opprimé, pour que je ne la gâte pas par des actes repréhensibles, qu'on désirerait peut-être, pour légitimer celle de mes injustes et impitoyables persécuteurs. Avec la grâce de Dieu, je ne déraillerai jamais de la ligne de conduite que je me suis tracée, et n'oublierai pas la soumission profondément respectueuse que je dois à mes supérieurs. Je n'oublierai pas ce que je dois à Dieu, aux peuples, à mon habit, à ma conscience, à moi-même, qui ai su et sais encore me respecter, surtout dans le malheur. Ah ! je ne livrerai pas tout-à-l'heure, à moins qu'on ne m'y force, à une sévère mais juste publicité, des faits dont on ne manquerait pas de tirer le plus mauvais parti, peut-être contre la religion, mais sûrement contre l'autorité des évêques de France, si vénérables d'ailleurs à tous autres titres.

Agréez, etc.

Au rédacteur du National.

Liberté, Egalité, Fraternité. — Devise évangélique.

MONSIEUR,

Abonné à votre journal pour mes convictions sincèrement démocratiques, je m'étonnais de n'y rien trouver touchant le clergé français, quand j'ai lu votre article dans le numero du 24 courant. C'est un point traité de main de maître, je l'avoue avec grand plaisir, et qui doit avoir du retentissement. Mais a cet éloge sincère et mérité, je vais faire plusieurs réserves, et peut-être enchérir sur votre article, que je crois encore au-dessous de la trop cruelle réalité.

Pour faire un appel au jeune clergé, vous rejetez et conspuez les vieux prêtres qui, dites-vous, *travaillent sous serre.* Il faut ici nous expliquer. Si, par vieux prêtres, vous entendez ces curés cacochymes, vieillards étiolés, minés par les ans, encroûtés, roulant dans les vieilles ornières de leurs vieilles habitudes, courbés vers la terre par un lourd poids de 80 ans, s'écroulant partout de vétusté, ambassadeurs d'un autre monde et déjà à moitié dans la tombe, vous pourriez avoir raison, ceux-là ne peuvent pas entendre votre appel ; ils ont l'oreille trop vieille et trop dure ! Si, au contraire, vous vous adressez aux jeunes prêtres, tout-à-fait jeunes, vous avez tort. Ils pourront vous entendre ; mais ils ne vous comprendront pas, et moins encore vous répondront-ils. Car *initia fervent*. sortis tout dernièrement des mains habiles et despotiques qui les ont façonnés, encore chéris de leurs maîtres, qu'ils ont appris à respecter comme Dieu, *même dans leurs égarements*, sans avoir encore senti les coups de la verge qui bientôt les frappera à leur tour, ils n'ont éprouvé que les douceurs d'une autorité dont ils tiennent un heureux présent en attendant un avenir plus heureux encore. Ils ne sont donc et ne peuvent être, en effet, que les instruments bassement flatteurs d'un pouvoir quel qu'il soit. Mais votre appel serait mieux entendu par cette portion de prêtres, ni trop vieux, ni trop jeunes, qui, sans trop de témérité ni d'arrogance, n'ayant ni la routine de la vieillesse, ni la timidité scrupuleuse du jeune âge, ont déjà vu plusieurs fois leur mâle vertu, leur juste et noble indépendance, flagellées, stigmatisées et frappées cruellement par les coups répétés d'un brutal despotisme et d'un pouvoir qui n'est ni canonique, ni évangélique.

Au reste, pourquoi la république ne serait-elle pas complétement *républicaine*, et ferait-elle des catégories de division dans un clergé qui, j'en suis sûr, est parfaitement uni dans l'ardent désir de posséder une sage indépendance et des garanties que tous les canons, les conciles et les lois de l'Eglise ont toujours voulu lui donner, contre un pouvoir envahissant et insupportablement tyrannique?

Croyez-le bien, Monsieur, le clergé de France, de quelqu'âge qu'il soit, est foncièrement républicain. Pourrait-il en être autrement? N'est-il pas tout entier sorti du peuple? Son père, sa mère, ses frères, ses sœurs, toutes ses affections ne sont-elles pas chez le peuple? Est-ce chez les grands du monde et chez ces gras aristocrates dont, au fond, il se sent profondément méprisé, que stupidement il irait les placer? En s'instruisant des lois canoniques, en méditant l'Evangile et les écrits des apôtres, n'a-t-il pas bu à longs traits les sentiments honorables d'une large et sainte démocratie qui y sont consignés presque à chaque page, et qui en découlent à pleins bords? Ne sait-il pas que la Liberté est la fille aînée de la Religion, engendrée de son amour si grand et si pur pour les peuples?

Mais il est trop vrai que tout a été obscurci par un détestable absolutisme, et qu'aujourd'hui le clergé opprimé, étouffé sous un Etna d'arbitraire, est soudé, par un pouvoir tyrannique et qu'il ne peut pas aimer, à des chaînes qu'il a toujours eu la volonté, mais qu'il n'aura jamais le pouvoir de briser, s'il ne surgit de son sein un nouveau Toussaint-Louverture, ou si la république ne l'appelle promptement à une liberté qu'elle donne à tous ses enfants. Qu'on le débâillonne, qu'on soulève la lourde et vieille pierre qui le couvre, et bien qu'il soit déjà pourri sous l'absolutisme, on le verra bientôt, nouveau Lazare, ressusciter, et ses pieds, ses mains, sa bouche déliés, se faire, avec son suaire de mort, un drapeau de sage liberté pour lui et pour ses chers prolétaires, ses frères en nature comme en religion, et marcher à pas de géants dans la carrière de la liberté qu'on lui aura ouverte. Mais tant qu'on ne l'aidera pas, il étouffera toujours sous le poids odieusement arbitraire qui l'opprime. Il ne pourra jamais parler, pas même penser librement, car ses pensées ne sont pas à lui! Et s'il voulait le moindrement s'émanciper, s'il essayait de limer ses chaînes, ses maîtres sont là, tenant dans leur main barbare, injuste et despote, la dernière miette de pain qui l'empêche de mourir. Ils ont obtenu de distribuer eux-mêmes les mandats de paiement, et, par un affreux déni de justice, cette main avare de bienfaits, mais prodigue de châtiments, se ferme pour retenir les mandats, et ne s'ouvre que pour jeter largement, sur ceux qui n'ont pas l'abrutissement de l'obéissance aveugle et passive, les foudres de l'excommunication du XIVe siècle, ce qui est de nos jours au moins un énorme anachronisme.

Comment les juge-t-on? Si c'est un pauvre desservant, *le vilain*, *le corvéable*, *le taillable à merci* de l'aristocratie ecclésiastique, alors l'ignoble, l'infâme *placuerit*, le despotique *bon plaisir* suffit, pour qu'on le flétrisse et qu'on l'attache au carcan public, en brisant barbarement sa double existence de prêtre et d'honnête citoyen ; si c'est un curé qu'on appelle de canton, et qui, en réalité, n'en a que le stérile nom, on s'y prend à la manière d'un despotisme un peu moins expéditif, mais non moins cruel : foulant aux pieds toutes les lois de l'Eglise, toutes les sages constitutions et toutes les formes protectrices et judiciaires, sans preuves, sans témoins, sans même lui formuler aucun grief, mais comme ils le disent, *ex conscientiâ informatâ*, on lui jette l'infâme interdit dont vous parlez, avec l'espoir de le faire courber par la crainte et l'ignominie. Mais si c'est un prêtre indépendant, irréprochable, homme de caractère et d'énergie, alors la lâcheté et l'infamie venant en aide à la tyrannie, on le dénonce, on le fait dénoncer au prône plusieurs fois, comme le dernier des misérables, et par des calomnies atroces, on l'attache au pilori de l'opinion publique, on le jette en pâture à une vile coterie, à une lâche tourbe fanatique et hostile de misérables hobereaux et de fausses dévotes. Cela ne suffit point encore pour lui faire perdre la confiance de son peuple, si bien méritée par sa conduite et ses sentiments noblement démocratiques, on obtient des maîtres en despotisme, *leurs excellences* Martin et Hébert, l'application du despotique décret de 1811, et le pauvre curé, avec sa prétendue inamovibilité, est chassé du presbytère, au grand mécontentement de son peuple, et réduit à la petite portion fractionnée de son traitement. Fier de son innocence et de son énergie, s'il conserve encore sa noble indépendance avec son affreuse pénurie, on lui retient ses mandats fractionnés, on l'accuse d'avoir volé 100 fr. là où il n'y avait pas 100 sous ! On le condamne à la déposition, pour ce crime matériellement impossible ! Comme ses frères d'esclavage, les nègres, il a son Code noir. L'article 15 des articles organiques lui donne droit d'appel au métropolitain ; mais le moyen de faire condamner un collègue par un autre collègue, qui ne ferait qu'établir un fâcheux précédent contre lui-même. Et remarquez que nos évêques de la république font tous les jours ce que les évêques de Charles X n'ont jamais osé ! Et l'on refuse au clergé les garanties contre l'arbitraire et la jouissance d'une liberté sage, juste, nécessaire, que l'Eglise et l'apôtre appellent la liberté des enfants de Dieu !...

Il ne faut pourtant pas oublier, Monsieur, qu'attaché jusqu'au fond des entrailles aux dogmes sacrés de la religion, le clergé s'efforcera toujours d'en prêcher la sainte et salutaire morale plus éloquemment encore par ses actions que par ses paroles ; qu'il ne demande que la réforme des abus et de fortes garanties pour son indépendance ; que, par là, il croit agir autant dans les intérêts de la république et de la religion que dans les siens propres. Quels pachas-évêques ! quel pouvoir monstre sur les curés et par conséquent sur les peuples ! Le clergé veut briser la tyrannie, mais conserver les tyrans convertis. Il aime ses évêques quand même. Il veut leur rester uni de cœur et d'esprit, parce qu'il sait que les membres du corps cesseraient bientôt de vivre, si on les séparait de la tête. Il veut une sainte liberté, une religieuse démocratie. Il rejeterait avec dégoût et horreur une licence qui ne serait pour lui et pour la religion catholique qu'un funeste poison et un mortel dissolvant.

Un vieux curé démocrate *qui ne travaille pas sous serre.*

Nota. On trouvera peut-être les termes de cette lettre trop énergiques; mais il ne faut pas oublier que, sous l'impression de ma trop pénible affaire, je ne fais que la trop fidèle histoire de ce qui m'est arrivé, de ce qui peut arriver à bien d'autres et de ce à quoi, dans l'état actuel des choses, tout le clergé est exposé. En avançant dans la lecture de ces lettres, on verra que je n'ai malheureusement rien exagéré. Et par le crime affreux qu'a été forcé de commettre M. le curé des Lucs, un des plus beaux caractères qu'il y ait, on aura la triste preuve de l'affreuse oppression sous laquelle le clergé gémit depuis longtemps. Cette preuve est manifeste à la fin de ces lettres.

A l'évêque de Luçon.

MONSEIGNEUR,

C'est avec la plus profonde douleur que j'ai reçu la communication que Votre Grandeur à bien voulu me faire adresser, dans ces derniers jours. Je tiens, et tiendrai toujours, plus qu'à tout au monde, à la confiance et aux suffrages de mon évêque. Voilà pourquoi j'ai été si vivement affligé d'apprendre qu'au lieu de les reconquérir, la malveillance et l'implacable haine de mes ennemis ne faisaient que m'éloigner de plus en plus d'un but que je m'efforcerai toujours d'atteindre quand même, et si je ne peux y réussir, j'aurai au moins la consolation d'avoir tout fait pour une si louable fin.

Dans l'expérience déjà si cruelle que j'avais faite de la malice infernale qui me poursuit avec un acharnement difficile à croire, j'avais pensé, Monseigneur, que la passion si noire et si lâche qui me persécute, serait enfin assouvie et se tairait en présence d'un malheureux qu'elle a déjà fait cadavre, par les coups si injustes et si atrocement multipliés qu'elle m'a si lâchement et en même temps si cruellement portés. Mais non, je connaissais bien mal la coterie et la caste implacable à qui j'ai affaire. Malgré l'existence la plus complètement fermée, malgré la vie murée que je mène, quoique mon pauvre cadavre ne soit plus qu'une plaie par les blessures multipliées qu'elle m'a faites, il a fallu qu'elle trouvât encore une petite place où elle pût distiller quelques gouttes de sa bave sale, calomniatrice, empoisonnée. Il est vrai que, pour ajouter foi à ses dernières calomnies, il faudrait renoncer à la logique du bon sens et être aussi stupidement crédule qu'elle est elle-même intéressée, non-seulement à poursuivre ses anciennes accusations, mais encore à en forger de nouvelles plus absurdes encore. La conduite isolée et très-régulièrement sévère que j'ai constamment tenue depuis deux ans, est une censure trop éloquente et un démenti trop formel que je lui cloue au front, pour qu'elle ne cherche pas encore, pour se faire croire, à verser son venin sur mes actes les plus indifférents. Je défie le calomniateur le plus déhonté de prouver, de dire même que je fréquente quelque maison que ce soit. Encore une fois, ma vie est complètement murée.

Je l'ai dit d'autres fois, Monseigneur, c'est aujourd'hui plus que jamais que je comprends très-bien combien un bon ecclésiastique, accusé, poursuivi, calomnié, condamné, abandonné de ses confrères, livré à lui-même, sans appui, sans ressources, repoussé par ses supérieurs, trop sévèrement puni de fautes qu'on ne veut pas lui faire connaître, publiquement dénoncé, ignominieusement flétri, attaché au carcan de la honte, affiché au pilori de l'opinion publique, menacé des tribunaux et des cours d'assises, chassé honteusement du chœur par un petit vicaire, nouveau Malchus, aux yeux de tout le monde, pour être renvoyé plus honteusement encore au bout de l'église au milieu des femmes; accusé publiquement de vol, condamné par son évêque comme exacteur, concussionnaire, simoniaque, sacrilége, *homicide*, excommunié, anathématisé, persécuté de toutes les manières et traqué comme une bête fauve, malgré son innocence au moins judiciaire, et son respect profond pour ses supérieurs qu'il voudrait tant aimer, la meilleure volonté de réparer ses torts si on les lui faisait connaître; je comprends, dis-je, qu'un malheureux, dans de semblables conditions, doit, sans un secours particulier de la grâce, quelque bon prêtre qu'il soit, désespérer, déchoir, tomber, devenir l'opprobre de la religion et la honte du sanctuaire, et je comprends encore qu'après sa chûte on n'accusera que lui seul....

Il est vrai, Monseigneur, que je n'ai pas rempli le devoir de la communion pascale; mais je doute que cette omission puisse m'être reprochée justement. Ici, je trouve encore que l'acharnement à m'accuser est si grand qu'il en est aveugle et qu'il tombe dans des contradictions évidentes et palpables; car, de deux choses l'une, ou je ne suis pas coupable des derniers crimes que l'on me reproche, et pourquoi a-t-on l'air d'y croire et de me les reprocher, ou, si j'en suis coupable et qu'on le croie vraiment, pourquoi me blâmer de n'avoir pas fait une communion qui eût été un crime plus grand encore? Puis, Monseigneur, ai-je bien assez de vertu pour ne rien garder dans le fond du cœur et pour aimer des hiènes, des panthères, des léopards qui, tous les jours cherchent à faire de moi leur plus avide et leur plus douce pâture? Puis encore, ceux qui m'ont chassé du chœur si ignominieusement, pour m'envoyer au milieu des femmes salir ma soutane, qui est pourtant leur habit et le vôtre, auraient-ils été plus prudents et auraient-ils reculé devant un moindre scandale peut-être, en me refusant publiquement la sainte communion? Puis encore, mes ennemis n'eussent-ils pas mieux triomphé, et tout le peuple n'eût-il pas mille fois été plus scandalisé de me voir traverser, en soutane, la plus grande partie de l'église, aligné et confondu avec quelques femmes, pour me rendre à la table sainte?

Non, Monseigneur, non, je ne croirai jamais que l'intention de l'Eglise, dans son admirable sagesse, soit de réduire à la communion laïque, de notre temps et dans nos mœurs, un vieux curé de 26 ans de services, qui n'a été ni déposé, ni dégradé, pas même flétri dans l'opinion de l'immense majorité de ses paroissiens qui lui gardent amour et confiance, par une sentence de suspense portée d'une manière si insolite et au grand étonnement de tout le monde.

Si vous pouvez m'ôter mon titre et ma petite fraction de traitement, je me résignerai encore, Monseigneur, je vivrai comme les oiseaux du ciel et croîtrai comme les lys de la terre!

Je me demande à quoi bon tant de menaces, tant de sévices, tant de moyens si peu évangéliques et si anti-canoniques employés contre moi. Si c'est pour me punir, tant mieux, je les sanctifierai, en les prenant comme de la main de Dieu, dont je tâcherai toujours de recevoir les châtiments avec une résignation sacerdotale; si c'est un système d'intimidation pour m'amener à un but que je soupçonne, j'ai déjà dit que j'étais fait d'une matière que l'on peut briser par la force brutale, mais qu'on ne fera jamais plier par une pusillanimité et une couardise que je ne connais pas quand je suis dans mon droit.

Agréez, etc.

Nota. Mon évêque n'ayant jamais voulu, *dans aucun cas*, me répondre ou me faire répondre un seul mot, j'ai cessé de lui écrire et ne lui écrirai jamais....

Décision demandée à Rome par le Métropolitain et l'évêque de Luçon, avec la solution envoyée aux deux pouvoirs.

DUBIA.—I. An suspensio lata ex informatâ conscientiâ sustineatur in casu?
II. An ab hujus modi suspensionis decreto detur appellatio ad metropolitanum, seù potius sit tantùm locus recursui ad S. Sedem in casu?
III. An constet de legitimo judicato metropolitani Burdigalensis in casu?
IV. An parochus ob violatam suspensionem, contraxerit irregularitatem in casu?
V. An et adquem spectet dispensatio à contractâ irregularitate in casu?
VI. *An et quomodò sit indulgendum precibus ejusdem parochi in casu?*

Die 8 aprilis 1848, Sacra Congregatio respondit :
Ad I. Affirmativè! ad formam cap. I. sess. 14 conc. trib. de reform.
Ad II. Negativè ad primam partem, affirmativè ad secundam.
Ad III. Provisum in præcedenti.
Ad IV. Affirmativè.
Ad V. Affirmativè, ad S. Sedem.
Ad VI. *Dilata, et parochus recurrat, postquàm dederit signa emendationis.*

Factaque de præmissis per infrà scriptum secretarium, S. Congregationis die 22 maii ejusdem anni relatione, SS. mo D. nostro, eadem sanctitas sua resolutionem S. Congregationis benignè approbavit et confirmavit, ac notificari mandavit tàm archiepiscopo Burdigalensi, quàm episcopo Lucionensi. Petrus, cardinalis Ostinius, prœfectus. Hieronymus arch. Melitenus, secretarius.

Mon évêque qui ne m'a formulé aucune charge à moi, a fait connaître tous ses griefs au pape. Le journal à qui il écrit l'affaire, le rapporte, et certes, je n'ai pas été épargné... Malgré tout, la cour de Rome répond : *Dilata, et parochus recurrat*.... C'est que mon évêque est plus sévère que le pape, ou que peut-être le souverain pontife à vu beaucoup de passion... aussi lui dit-il : *Dilata*, relâchez-vous !...

Au Métropolitain.

MONSEIGNEUR,

Je vous remercie mille fois, de m'avoir transmis la décision de Rome. Si je l'avais reçue plutôt, je n'aurais sûrement pas fait la longue et cruelle maladie, à laquelle je viens à peine d'échapper. Je suis loin de voir, *dans les solutions obtenues, des résultats qui me soient entièrement défavorables.* Je n'ai eu besoin que de mes yeux pour y voir absolument tout le contraire; car des six réponses, il n'en est qu'une qui m'intéresse infiniment. Je n'ai pas, en effet, lieu à m'occuper de savoir *s'il y a un grave échec.* Il ne m'appartient pas non plus de prononcer sur le bien ou mal jugé du *conscientiâ informatâ*; je n'ai jamais eu de conflit sur ce point; je n'ai pas non plus encouru l'irrégularité, puisque j'avais fait mon appel légitime, quand la suspense n'était encore que conditionnelle, comme me le reproche mon évêque, lui-même, dans le singulier jugement rendu si incroyablement contre moi. Puis, Monseigneur, le souverain-pontife, dans le dernier jubilé, n'a-t-il pas accordé à tout prêtre le pouvoir de lever une semblable censure! puis encore, le *recurrat*, de la sixième solution, qui seule me regarde aujourd'hui, et me fait tant de plaisir, ne renferme-t-il pas l'absolution de la censure si j'en avais besoin? Le S.-Père peut-il me faire courir, *recurrat*, si je suis encore lié! Je ne puis donc, Monseigneur, que me réjouir et me féliciter bien sincèrement de cette sixième et bien agréable solution qui ne m'étonne pas du bon saint et juste Pie IX. Elle me rend à la consolante et double vie morale et physique qu'une barbarie et une cruauté peu canoniques m'avaient si injustement ôtée, depuis deux longues et deux bien dures années.

Cet article six, le seul important pour moi, me suppose coupable, il est vrai; mais, Monseigneur, il ne pouvait pas en être autrement : la cour de Rome a reçu l'accusation et n'a point entendu ma défense. Quoi qu'il en soit, elle y montre sa sagesse, sa clémence et sa charité ordinaires. Elle prouve bien la vérité du vieux proverbe : *Il vaut mieux s'adresser à Dieu qu'à ses saints.* Elle suit parfaitement bien les prescriptions des SS. canons et les ordres paternels du S. Concile de Trente. Elle se garde bien de faire, d'une simple suspense, une véritable deposition; elle admet le *conscientiâ informatâ*, il est vrai, mais dans des cas rares, transitoirement, *ad duritiam cordis*, au nombre des *odia restragenda*, comme une chose anormale. Aussi a-t-elle soin de faire, au supérieur, une admirable recommandation dans le mot *dilata*, si suavement énergique et si consolateur! Elle ne supprime point le mot *curé*, par le fait seul d'une suspense. J'y vois partout *parochus*; je relis toujours avec un indicible plaisir, qui me fait presque oublier toutes mes anciennes et cruelles blessures, ce touchant et si consolateur article six : *Dilata, et parochus recurrat, postquàm dederit signa emendationis.* On a suspendu mon cours; qu'on ait bien fait ou non, il faut se relâcher, *dilata*, et puis laisser reprendre ce cours, et *parochus recurrat.* J'admire de plus en plus cette admirable décision, si juste et qui ménage si bien tous les intérêts; car on ne peut pas la dire relâchée et favorisant le vice, puisque tout innocent que je sois, au moins aux yeux du public, j'ai été cruellement puni, pendant plus de deux longues années; on peut encore moins dire qu'elle affaiblit le pouvoir, puisqu'elle l'autorise à punir bien sévèrement, même par un moyen insolite et qui étonne tout le monde : le *conscientiâ informatâ.*

Mais, Monseigneur, comment donner les *signa emendationis* demandés? On ne m'a jamais formulé aucun grief, on m'a condamné *ex conscientiâ informatâ!* comment puis-je m'amender et en donner des signes, si l'on ne me dit pas sur quoi? Depuis deux ans, je demande instamment que l'on me fasse connaître le bien qu'il faut faire et le mal qu'il faut éviter, pour que je puisse, suivant mes forces, opérer l'un et fuir l'autre; on ne me répond pas! Je consens à la plus flétrissante condamnation, si je n'obéis pas exactement en fuyant le mal qu'on m'aura défendu et en faisant, dans les limites de mon possible, le bien qu'on m'aura ordonné. Peut-on être mieux disposé à donner les *signa emendationis* demandés; et être plus éloigné de la contumace? Si l'on me demandait mes *signa emendationis* aujourd'hui, je répondrais : *Deux longues et horribles années de souffrances, de tortures, de vexations de tout genre plus horribles encore, endurées avec résignation et une patience jobiniques!..*

Afin de ne pas compromettre, aux yeux de l'autorité, mes honorables confrères voisins et pour empêcher qu'on les accusât de pactiser avec moi, je m'adresse, pour la confession, depuis que le malheur m'a frappé, à un excellent curé de canton, à sept lieues de moi, compatriote, ami d'enfance, sage, expérimenté, plein de respect pour ses supérieurs, qui ne m'a jamais donné que d'excellents conseils parfaitement en rapport avec ses exemples, et qui même dès le commencement, se crut obligé, par une sage prudence que je ne puis que louer, de prévenir l'autorité, de ma démarche qu'elle approuva. Aujourd'hui, Monseigneur, par un sentiment que je n'ose qualifier, mon évêque vient de lui défendre de me confesser... En d'autre termes, il faut, quand je vas chez cet ami confrère, que je laisse ma voiture à la porte de l'église, que je lui fasse dire de venir m'y trouver, sans pouvoir, comme à mon ordinaire, descendre au presbytère; mais forcé de prendre à l'auberge, mon repas, celui de mon cheval et de mon domestique, au plus grand scandale de tout le monde... Tel est pourtant de mon évêque l'ordre inqualifiable que je ne pouvais comprendre, mais que je crois comprendre maintenant : non-seulement il ne voudrait pas, pardonnez-moi cette mauvaise pensée, que je donnasse les *signa emendationis* demandés, mais peut-être ne serait-il pas fâché que je donnasse des *signa scandalosa!* Tout s'explique aujourd'hui, et les brillantes promesses et les terribles menaces faites à Luçon, et ce dernier fait presque entaché de folie!

De plus, Monseigneur, on vient de me dire que mon évêque, embastillé dans sa cruelle hostilité contre moi et dans ses idées préconçues, n'exécuterait jamais les décisions pontificales, parce que j'étais trop coupable; mais peut-il refuser de se soumettre à des décisions qu'il a demandées lui-même? Peut-il en prendre ce qui lui conviendra, le *conscientiâ informatâ* par exemple, et rejeter le reste? Ne serait-ce pas la plus grave insulte à un pouvoir qu'il a invoqué et devant lequel il nous a traînés tous deux lui-même? S'il y a des scandales dans le diocèse, à qui la faute? De quel droit ordonnera-il l'obéissance à ses inférieurs, quand il la refuse au chef suprême de l'Eglise? Comment fera-t-il respecter son autorité, quant il méprise celle du S. Siege? Je suis trop coupable... mais ne le savait-il pas quand il a demandé une solution à Rome? Me croyait-il innocent? Le S. Père lui-même me croit-il un Saint? Suis-je devenu plus coupable depuis, et en quoi? Ma vie a été exactement murée, complétement isolée; personne au monde, quelle que soit son envie vipérine, ne pourra la rôder! Il a vanté lui-même ici, en chaire, la haute suprématie du pape et publiquement promis de s'y soumettre, sans doute, parce qu'il pensait qu'on n'y aurait jamais recours, ou que ce recours aurait lieu au seul profit de l'arbitraire. Ne serait-ce pas plus qu'une insulte envers un saint et sublime pouvoir dont il a invoqué lui-même la décision et auquel il est obligé en conscience de se soumettre sans balancer, au moins autant que je suis tenu de le faire à celui qu'il a sur moi ?

Non, Monseigneur, non, il n'en sera pas comme on le dit. J'ai la décision, écrite, il faudra bien qu'elle s'exécute, j'ai trop souffert... il m'a fallu plus de vertu et plus de résignation qu'on ne pense, pendant deux longues années. Plus d'un autre à ma place, eût fait du scandale toujours inexcusable, il est vrai, mais sûrement très-provoqué. Je dis comme toujours, *Roma locuta est, causa finita est.* Plus de transaction aucune; j'ai trop souffert! Je dis comme les enfants de Loyola : *Sint ut sunt, vel non sint.* Agréez, etc...

Ad sanctum patrem — Appellatio prima

SANCTISSIME PATER,

Ad Sanctitatis Vestræ pedes humiliter, pié provolutus et devoté, sequentia veraciter et lacrymosé expono : die 22 aprilis, ex decreto sanctæ congregationis, episcopo Lucionensi, me sub pœnâ suspensionis *ex conscientiâ informatâ* latæ, duobus annis crudeliter, et ita dicam, injusté tenenti, benigné, ut pater dulcis et clemens in filios amantissime subditor, Vestra Sanctitas per has admirandas voces quas in corde gratissimo prætiosé conservo : *Dilata, et parochus recurrat,* me solvi jussit innoxium saltem judiciatiter et canonicé. Tam justissimo, tamque clementissimo decreto, licet expoposcerit, Vestræ Sanctitati insultanter et mihi crudeliter, hodie obtemperare recusat épiscopus, nihil in me rationabiliter aleato. Duos per annos, sive in corpore, sive in mente, omnia patienter perpesso, ad omnia facienda, omnia omittenda nunc justè et proposse paratissimo, hæc omnia episcopo, mihi pluries fortiter sed convenienter exponenti, nullum per epistolam responsum, sed tantùm silentium crudele et atrociter sœviens...

Signa emendationis, ex decreto, à me œqué petis, sanctissime pater; sed condemnato ex *conscientiâ informatâ,* quœ signa possibilia ? Ad quid emendari, si quidem nil indicatum criminis ? Per fermé trigenta annos sancti ministerii sine ullâ objurgatione, nec ullo jurgio, sed omnibus faustis, præsertim per duos postremos durissimos, vitam irreprehensibilem, imò et laudabilem duxi. Quid adhùc faciendum ? Dicatur, et statim proviribus fiet.

Decreto *ex conscientiâ informatâ* suffragatus, Sanctitati Vestræ obedire, et decretum quod ipse expoposcerat exequi recusat episcopus, imò hodie tantùm et ex imperio metropolitani, licèt pluries petitum et quod celat recepi decretum, eodem decreto punitus, sanctam obedientiam, completam, humilem, cœcam libentissimè et hilariter prœsto, lœtus dicens : *Roma locuta est, causa finita est.* Duobus annis, sub potestate novâ ideoquè durissimâ cruciatus, quis inobediens ? quis contumax ? Cui favet presomptio in prœcedentibus ? Quod et quanta cleris imò et in laïcis ex hinc scandala ? Episcopus in suos obsedientiam summé patientem crudeliter exigit, et in Sanctam Sedem recalcitrat!.... In suam autoritatem suos facit rebelles, ipse in S. Pontificem rebellis!...

Non ita erit inter nos, sanctissime pater; saltem fermiter spero. Suaviter fortiterque vestrum decretum Vestra Sanctitas absolutum faciet, et præsertim subbrevi : sat miser, sat perpessus, sat vexatus, sat cruciatus et ultrà vires jamjàm deficientes injusté punitus, ad vestram singularem bonitatem, benignitatem, piam caritatem, summamque œquitatem, pauper et confidens alacriter et securus confugit, licet inòps, licet senex, licet infirmus, Romam intrepidè adire paratus,

Sanctitatis Vestræ, servus humillimus et amantissimus in Christo filius.

PIVETEAU,

Parochus vulgo de Rocheservière diœcesis Lucionnensis, in Galliâ.

Au Métropolitain.

MONSEIGNEUR,

J'allais vous écrire pour vous demander pardon quand j'ai reçu votre dernière lettre. Très-mal disposé et trop préoccupé, sans doute, à peine ma réponse partie, j'ai parfaitement compris que j'avais fort mal saisi le sens de votre première lettre. Ce ne sont pas, en effet, les solutions de la cour de Rome qui me sont tout-à-fait défavorables, mais bien comme vous le dites, *les résultats qui doivent aggraver mes peines et les difficultés de ma position.* Ce langage, Monseigneur, que j'admets et trouve trop juste, me prouve bien clairement que Votre Grandeur ne connait que trop mon évêque, son singulier caractère, ses préventions outrées, les épouvantables persécutions qu'il a exercées contre moi, les tortures inouies et de tout genre qu'il m'a fait endurer depuis plus de deux ans, avec tous les autres précédents inqualifiables qu'il serait trop long de raconter ici, et tout ce que je dois m'attendre à souffrir encore! Dans l'état actuel des choses, mes misères vont donc s'augmenter en proportion de la juste et pourtant canonique résistance que j'ai faite, et je vais payer, comme une ville prise d'assaut, en raison du pouvoir discrétionnaire et de presque l'omnipotence que Rome a jugé à propos d'accorder à mon évêque, sur la manière de me traiter. Il n'en eût jamais été ainsi, j'en suis sûr, si le Saint-Père eût seulement pu avoir la moindre pensée de tout ce que l'on m'a fait si injustement souffrir et de l'immuable disposition où est mon évêque de ne jamais me rendre, comme il l'a juré, les pouvoirs qu'il m'a enlevés pour Rocheservière. On laisse à sa prudence et à son arbitrage à décider quand j'aurai donné les *signa emendationis* demandés! Mais bien sûrement, d'après lui, je ne les donnerai jamais, quelques miracles que je fasse, à moins que je puisse faire le plus grand de tous: en changeant son caractère, changer toutes ses dispositions morales et inchangeables contre moi. Jamais, jamais, il l'a juré, je ne rentrerai dans mes droits!.. Il s'est prononcé publiquement et avec tout le monde, il s'est trop avancé, quoi qu'il arrive *et quoi qu'il faille faire envers et contre tout*, il a été trop ulcéré, il n'en aura pas le démenti, et c'est lui qui, sans réserves, ni contrôle, par le *prudentiâ et arbitrio episcopi*, dispose souverainement de mon sort, en décidant que je suis toujours contumax et que je ne donne pas les *signa emendationis* demandés! Et l'on s'écrie de Rome: *quam vere sit deploranda parochi conditio!* Quelle vérité! mais en même temps quelle contradiction! on me plaint en me voyant noyer, puis on me jette dans l'eau jusqu'au col!... Il est vrai, Monseigneur, qu'on ne m'a encore pas entendu, qu'on n'a écouté que mon évêque, sans faire la part de ses dispositions contre moi, des antécédents et de son opiniatreté inouie. Il m'a, sans doute, rudement chargé! Quoi qu'il en soit; Monseigneur, pour être jeté ainsi sans défense, pieds, poings et bouche liés, sous le plus dur despotisme, je ne m'abandonne pas; je suis loin de désespérer et de me croire perdu. Je suis au contraire le plus confiant du monde. La question est décidée, les principes sont posés; il ne s'agit plus que de les appliquer. Il faudra bien qu'on le fasse, et voilà mes raisons auxquelles on ne répondra jamais: 1° Je ne suis pas coupable; au moins jusqu'ici on ne me l'a pas prouvé, et grâce à Dieu, j'espère qu'on ne le prouvera jamais! mais, pour avoir plutôt fait, je passerai condamnation; 2° Serais-je coupable prouvé et convaincu, je suis loin d'être contumax. Je demande tous les jours, de toutes mes forces, que l'on me fasse connaître ce qu'il faut faire, ce qu'il faut éviter pour obéir aussitôt et ponctuellement. En vérité, que l'on me dise donc en quoi je suis contumax; 3° Mon évêque lui-même ne me croit pas contumax, peut être ne me croit-il même pas coupable; puisque, sans me mettre aucune condition, ni me demander des *signa emendationis*, il a voulu me donner malgré moi, il est descendu jusqu'aux larmes, pour me donner 800 fr. de pension, le droit de dire la messe, d'exercer les fonctions curiales, etc., etc... Est-ce à un contumax, est-ce même à un coupable, je vous le demande, Monseigneur, que l'on fait de semblables propositions, de tels avantages? N'est-ce pas là un argument *ad hominem*? Qu'a-t-on à dire à çà? Le grand-vicaire, M. Gouraud, m'a écrit, j'ai sa lettre, qu'on était aussi éloigné de me croire coupable que le ciel l'est de la terre, et qu'il me fallait être *généreux*! Est-ce à un contumax, est-ce même à un coupable repentant, je le demande, qu'on écrit ainsi? Qu'a-t-on à dire à ça? Je le dis, je le répète, je le demande à cor et à cri, que l'on me formule des ordres, que l'on m'intime des défenses et l'on verra si je suis contumax. On ne m'a même pas dit un seul mot de la décision du Saint-Père... et sans vous, Monseignenr, je ne l'aurais jamais connue. . Est-ce à moi de la demander? Je le ferais, on ne me répondrait pas... on ne me répond jamais!... Mon évêque ne pourra toujours plus dire qu'il m'a formulé les griefs, car le journal à qui il a écrit sûrement lui-même toute l'affaire, et qui, sans doute, ne la rapporte que sur ses paroles, dit formellement qu'il m'a frappé de suspense, *sans faire connaître au coupable les motifs de la sentence.* (*La Voix de la Vérité*, n. du jeudi 21 septembre 1848.)

La S. Congrégation a décidé qu'une sentence *ex consciencià informatà* s'appliquait seulement à l'exercice de saints ordres et aux fonctions du ministère sacerdotal, mais qu'elle ne saurait atteindre le titre bénéficial. Pour priver le titulaire de son bénéfice, il a toujours fallu un jugement régulier, et le droit ecclésiastique n'admet point ici les sentences *ex consciencià informatà*. Pourquoi donc, Monseigneur, m'a-t-on dépouillé des 3/5 de mon traitement, du casuel et du presbytère qui évidemment tiennent aujourd'hui la place des bénéfices? N'y a-t-il pas là une souveraine injustice ajoutée à tant d'autres qu'en conscience on devrait réparer? Ne me devrait-on pas une restitution depuis plus de deux ans?

Bien qu'il y ait plusieurs injustices semblables dans ma déplorable affaire, que vous seriez en droit et sans doute en volonté de faire réparer, Je ne vous le demande pas, Monseigneur; je vous ai causé trop de peines pour ne pas vous en demander sincèrement pardon, je vous ai donné trop de travail, pour ne pas vous en être reconnaissant toute ma vie. Mais, Monseignenr, si comme je le comprends très bien, vous ne pouvez plus, à mon grand déplaisir, être mon juge, vous ne refuserez pas, j'en suis sûr, de continuer à être mon sage conseiller, mon père le plus tendre, le plus affectueux. De même que j'aurai toujours pour vous un sentiment d'amour sincère et de profonde reconnaissance, de même, je le sais, vous aurez toujours une petite pensée, un peit souvenir, pour le pauvre et malheureux curé vendéen, qui priera Dieu pour vous de bon cœur et qui sera toujours avec les sentiments du plus profond respect, etc.

P.-S. — Oh! Monseigneur, si j'osais, je vous demanderais de vouloir bien faire connaître à Rome l'état présent des choses, surtout que je ne suis pas contumax. Une de vos paroles vaudrait toutes les miennes. Je répéterai toujours : je suis fâché qu'on fasse de moi un coupable; mais je suis indigné, mille fois révolté qu'on en fasse un endurci, un contumax! Ah! qu'on le prouve donc alors, quoi de plus facile?

Je joins ici la requête au S. Père, elle est peut-être un peu énergique, mais malheureusement trop vraie!

J'allais fermer ma lettre, Monseigneur, quand il m'a été notifié, *par trois ouvriers de la boutique d'un menuisier de mon bourg, le nommé Lucien Amiaud*, la singulière pièce que je joins sous ce pli. C'est une sentence de mon évêque qui me *redépose* encore!... En vérité, je ne sais qu'en dire, je n'ose plus blâmer notre préfet quand il dit que sa tête est malade; mais il me semble qu'il s'enferre lui-même, par un inconcevable bouleversement d'idées, il me comble de promesses séduisantes, à Luçon; il me fait écrire, par son grand-vicaire, qu'il faut que je sois *généreux*; qu'on est aussi éloigné de me croire coupable que le ciel l'est de la terre. (Je vous envoie la copie de la lettre que je conserve.) Il me fait solliciter par tous les moyens possibles; il force, par menaces de suspense, le curé des Lucs, mon témoin approuvé par lui, à révoquer sa signature; il défend à mon confesseur de ne m'entendre que sous les conditions les plus misérables et que je vous ai marquées; il demande à Rome une solution, il la reçoit; elle me remet dans mes droits, à condition que je ne serai pas contumax; il ne peut pas prouver que je le suis; il prouve même le contraire en voulant me récompenser généreusement, au lieu de me punir; il retient la solution, pendant sept mois, sans que j'en sache un seul mot que par vous, Monseigneur, Il ne dit rien tant qu'il croit que je ne sais rien; il apprend que la nouvelle m'est enfin parvenue; il se croit vaincu, humilié, et par un sentiment qui n'appartient qu'à lui seul et qui justifie si bien tous ses précédents, au lieu d'accomplir le *dilata* du S. Père, sans me prévenir, sans m'envoyer un seul mot, foulant aux pieds les sages recommandations pontificales, il se presse de fulminer contre moi, *par le moyen de trois ouvriers menuisiers de la boutique de mon voisin Lucien Amiaud*, une sentence de déposition, la plus mal motivée du monde, sans pouvoir, pour prouver ma contumace, *formuler le plus petit nouveau grief!* Quelle triste exécution du *dilata*, *et parochus recurrat!*.... Mais quelle évidente preuve que je ne suis pas contumax; qu'il ne peut pas le prouver, le dire même!... En vérité, en vérité, Monseigneur, a-t-on jamais vu quelque chose de semblable? Ah! je n'ai pas été longtemps sans comprendre que vous aviez grandement raison, quand vous me marquiez *que les résultats des solutions données ne pouvaient qu'aggraver mes peines et les difficultés de ma position!* Mais, Monseigneur, sans doute, je m'afflige pour le bien de la religion si tristement compromis en tout ce qui s'est passé et se passe encore, et je ne puis pourtant m'empêcher de me réjouir dans mes propres intérêts. La mesure, en effet, n'est-elle pas comblée? Qui pourra jamais légitimer, tolérer même des procédés de cette nature? La misère et la faiblesse d'une cause peut-elle se montrer plus piteusement et plus à nu? Quel incroyable aveuglement? Quelle singulière manière de se condamner par ses condamnables œuvres? Dira-t-il qu'il a agi pour éviter les scandales et par charité pour moi, quand il m'a fait de si belles promesses? Mais personne ne pourrait le croire: ses actes contraires, si tristement éloquents et tous ses précédents, sous ce double rapport, ne sont-ils pas encore là... Quoi! la publicité dira que mon évêque demande à Rome une décision; qu'il la reçoit; qu'il ne la trouve pas ce qu'il voudrait; qu'il la tait; qu'il ne m'en dit pas un mot, et qu'aussitôt qu'il apprend que j'en suis informé, vite, il s'empresse de la fouler aux pieds, et dans un aveuglement inconcevable, il fait sortir du tombeau, où lui par ses promesses honorables, moi par ma réponse péremptoire, l'avions si bien couché, depuis plus d'un an, un vieux bonhomme de jugement radotard, un vieux squelette sans raison, qui n'aurait jamais dû voir le jour, sans lui donner le moindre petit haillon, sans le couvrir du plus petit lambeau de suaire, sans pouvoir *articuler le plus petit nouveau grief contre moi.* Mais pour qu'il fût approuvé, il faudrait donc qu'il n'y eût pas l'ombre de la justice sur la terre! Il n'en sera pas ainsi, Monseigneur, vous si sage et si prudent, empêcherez tous les malheurs incalculables qui s'en suivraient. Je n'ai pas assez de vertus pour me taire, souffrir et ne pas publier des actes de cette espèce. On ne me croit pas coupable! on me persécute! on *veut ma démission, voilà tout; on n'aura pas ma démission, voilà tout...*

Je sais que vous ne pouvez juger dans la question du *conscientiâ informatâ;* mais ici tout est extérieur et dévolu à vous, juge bien compétent. Je vous répète donc mon appel déjà fait et reçu plusieurs fois, vous prie de l'accueillir encore, jusqu'à ce que je me décide à donner, à cette pénible affaire, une autre marche bien dure sans doute, mais à laquelle on m'aura trop cruellement et trop justement forcé. Agréez, etc....

Copie d'une sentence de Monseigneur l'Evêque de Luçon, qui confirme celle du 16 août 1847 et déclare le sieur Piveteau, curé suspens de Rocheservière, déchu de son titre.

Jacques-Marie-Joseph, par la grâce de Dieu et du S. Siége Apostolique, évêque de Luçon, à tous ceux qui les présentes verront, salut et bénédiction en N. S. J.-C.

Vu nos citations du 8 mars et 22 mai 1848, par lesquelles nous sommions le sieur Piveteau, curé suspens de Rocheservière, de comparaître devant nous;

Vu le procès-verbal des séances des 26 et 27 avril et du 20 juin dernier;

Notre ordonnance du 20 mai, prescrivant une enquête, et le procès-verbal de ladite enquête faite le 10 et le 17 du même mois;

Deux libelles diffamatoires publiés par le sieur Piveteau. (Ils n'ont jamais été publiés, ce sont deux mémoires justificatifs, humiliants peut-être, mais trop véridiques. On peut les lire.)

Une lettre du même à Monseigneur Soyer, du 12 mars 1843.

Une lettre de M. Guitton, curé desservant des Lucs, en notre diocèse, en date du 20 octobre dernier. (Elle est bonne à citer!... Elle est au bout de ce recueil.)

Ouï le rapport du promoteur dans les séances susdites du mois d'avril et de juin;

Ouï le sieur Piveteau dans les séances du 26 avril. (Je me suis présenté, je ne suis donc pas contumax!)

Ouï les dernières conclusions de nos bien chers coopérateurs, les promoteurs forains.

Considérant que les deux libelles mentionnés ci-dessus, sont pleins de sophismes et d'impostures extrêmement répréhensibles, par les outrages qu'ils renferment. (Oui, mais mon témoin les a approuvés et signés en disant que malgré son respect pour son supérieur, sa conscience l'y forçait, pour rendre hommage à la vérité.)

Que dans l'impression de ces libelles, le sieur Piveteau a frauduleusement supprimé des réserves faites par le susdit curé des Lucs qui, dans sa lettre précitée, déplore comme de graves erreurs, les deux attestations dont il a revêtu ce libelle. (Cette suppression est encore une atroce calomnie: j'ai les attestations manuscrites, j'ai les mêmes attestations imprimées, qu'on les compare! et si le curé des Lucs déplore sa signature si bien motivée, j'ai quinze lettres de lui, qui me disent bien tristement et bien éloquemment qu'on l'y force sous peine d'interdit!)

Que la susdite enquête a fait peser sur ledit sieur Piveteau, de nouvelles et très-graves accusations soit de soustractions faites à la fabrique, soit d'exactions contre les particuliers. (Cela est plus facile à dire qu'à prouver; cela rentre dans le beau jugement du mois d'août. Il n'y aurait qu'une augmentation, et c'est la première fois qu'on en parle!)

Que pendant l'instruction de l'affaire, l'accusé a exprimé la volonté de se retirer avant la fin de la procédure. (Rien là d'étonnant. Monseigneur disait que nous resterions bien huit jours, et moi, logé à l'auberge, je n'avais pas le sou! Peut-on relever ici comme un crime ce désir d'en finir et de partir après? Comme on est pauvre de charges contre moi!)

Qu'il s'est retiré, en effet, retombant ainsi dans sa contumace, lorsqu'il venait pour la purger. (Mon dernier mémoire répond trop à cela, et je prouve que j'ai été acquitté le plus honorablement du monde. Au reste, si l'on dit vrai, il fallait me condamner de suite, ou tout au moins prendre des conclusions et ne pas attendre sept mois. La décision du pape en ma faveur m'a valu la répétition de ce coup de foudre ecclésiastique!)

Que sa mauvaise foi, outre qu'elle ressort de toute la suite de cette affaire, est manifeste en ce qu'il a imprimé, p. 20 de son premier libelle, qu'il avait été légataire universel de son frère, tandis qu'il écrivait le 20 mars à notre vénérable prédécesseur : Je n'ai point été légataire universel de mon frère, mon frère n'a rien voulu me donner que des obligations à remplir. Il m'a fallu mettre plus de 500 fr. à moi, pour faire face aux obligations qu'il m'a imposées. (Que veut-on prouver?... seulement que j'aurais voulu éviter de dire mes affaires de famille. Mais j'étais bien légataire universel, j'ai le testament olographe.)

Tout vu et tout considéré, de l'avis de nos vénérables frères et bien chers coopérateurs (qui pensent toujours comme moi), l'un de nos vicaires-généraux, le curé, et l'un de nos chanoines de la cathédrale, le S. nom de Dieu invoqué, avons déclaré et déclarons, par les présentes, notre sentence du 16 août 1847, maintenue dans tous ces points (elle a donc été suspendue), et le sieur Piveteau, curé suspens de Rocheservière, croupissant depuis deux ans dans la suspense et l'irrégularité (parce qu'il ne donne pas sa démission), et persévérant avec opiniâtreté dans sa coutumace (encore par la même raison), déchu de son titre, auquel nous pourvoirons, aux termes du droit.

Donné à Luçon, en notre palais et en cour de justice, sous notre seing et le sceau de nos armes, sous le contre-seing des notaires ecclésiastiques appelés à cette cause, le 2 novembre de l'an de grâce 1848.

JACQUES-MARIE-JOSEPH, Evêque de Luçon.

Pour copie conforme : Luçon, 3 novembre 1848.

GOURAUD, vicaire-général.

NOTA. — Ce qu'il ne faut pas oublier, ce qui est tout-à-fait à mon avantage, ce qui ferme complètement la bouche à mes honteux accusateurs et ce qui fait peut-être leur honteux désespoir, c'est que, dans la singulière résurrection de vieux jugement, on n'a pas pu articuler, depuis deux ans, le plus petit grief contre moi. On est forcé de ressusciter le vieux mort tout simplement! .... Ma conduite leur donne donc un bien cruel démenti... c'est là l'éloquence des faits!... Je ne suis donc pas contumax endurci!

Lettre de M. l'abbé Gouraud, vicaire général.

Luçon, le 21 avril 1848.

MON CHER AMI,

Je vous ai parlé hier, et mon amitié pour vous me pousse à vous adresser encore aujourd'hui ces quelques mots! Je veux vous dire de bien réfléchir à ce qu'a d'avantageux pour votre propre tranquillité, pour votre salut, la démarche que nous vous avons conseillée. Ah! si vous saviez combien je la désire et dans vos vrais intérêts! De grâce, mon pauvre ami, faites donc cesser un état de choses qui vous tue, qui afflige l'Eglise et qui désole tous vos amis. Ah! soyez donc *généreux*. Que la grâce triomphe de la nature et de tous les mauvais sentiments qu'elle inspire! N'écoutez donc pas la voix d'un amour-propre mal entendu. Ne croyez donc pas que ce sera vous reconnaître coupable et vous aire paraître tel, en reconnaissant que vous n'êtes pas dans l'ordre de la Providence et en faisant connaître que vous voulez y rentrer. Je pousse la chose au pis-aller, je suppose, *ce qui est loin de ma pensée comme le ciel l'est de la terre,* que vous avoueriez, par cette démarche, que vous êtes coupable, vous ne devriez pas, dans ce cas-là même, balancer un instant. Et de vrai, mon ami, pourriez-vous jamais acheter trop cher la tranquillité, la paix de votre âme, le bonheur si grand pour le prêtre, de pouvoir monter tous les jours à l'autel, le ciel en un mot. Mais, je vous le répète, la démarche qui vous est conseillée, *vous honorerait aux yeux de tous les gens sages, bien loin de vous attirer la plus légère confusion*. En la faisant, vous avez donc tout à gagner et rien à perdre; en ne la faisant pas au contraire, vous perdez tout et ne gagnez rien.

Ah! je comprends que vous ne pouvez rien sans la grâce, mais je comprends aussi que vous pouvez tout avec elle. Je vais donc la demander pour vous cette grâce, mon bon ami, et d'une manière toute particulière. Je dirai la messe pour vous, samedi, et je vous recommanderai à la Ste-Vierge, priez donc vous-même beaucoup cette bonne mère. Récitez donc quelquefois le *memorare*. Recommandez vous aussi à St-Joseph, dont nous allons bientôt faire la fête. Adressez-vous également à votre ange gardien.

J'ai été bien content de vous voir au séminaire, je vous l'assure; mais que j'aurais été bien plus content encore, si vous aviez voulu faire dès ce moment même, ce que l'on vous demandait! Je crains bien que l'ennemi de votre salut ne profite de ce délai que vous mettez dans cette affaire, pour vous en faire paraître l'exécution plus difficile, et à force d'attendre comme impossible. Ah! qu'il est important de profiter du moment de la grâce! Profitez en bien, cher ami, et croyez à mon bien sincère attachement.

Votre tout dévoué, B. GOURAUD, sup. du sém.

Nota, Avec cette lettre, ai-je besoin de mon témoin que l'on a forcé à se parjurer, comme on va le voir plus loin. N'en dit-elle point assez? Je l'ai reçue le lendemain de mon départ de Luçon, d'où l'on m'accuse d'être parti pour éviter une *séance annoncée*, en parle-t-elle? m'en fait-elle le moindre reproche? Elle prouve donc, aussi elle, que mon évêque a fait un déplorable faux! elle m'est adressée avec *port payé*; est-ce ainsi que l'on écrit à un voleur? Elle me dit d'être *généreux*; est-ce ainsi que l'on écrit à un concussionnaire? Elle me dit, au moins bien équivalemment et à plusieurs reprises, que je ne suis pas coupable; est ce ainsi qu'on écrit à un *homicide*? Elle ne me demande aucune satisfaction. aucune restitution, aucune pénitence, pour avoir le *bonheur de monter tous les jours à l'autel*; est-ce ainsi qu'on écrit à un excommunié, à un anathématisé? Elle me parle de récompense et point de punition; est-ce ainsi que l'on écrit à un contumax qui *fuit une séance indiquée?* Au lieu d'humiliation, elle m'annonce les suffrages et la considération des gens de bien, si j'accepte les offres faites; est-ce ainsi qu'on traite avec un prêtre qu'on a voulu traîner dans la boue pendant deux ans, Elle renouvelle au moins sommairement et avec un accent de sympathie et d'affection entraînantes, toutes les promesses que l'on m'a faites à Luçon; est-ce ainsi que l'on doit agir envers un misérable que l'on va encore essayer à flétrir plus ignominieusement quelques mois après, *sans qu'on puisse rien alléguer de nouveau contre lui;* mais parce qu'il soutient ses justes droits, en refusant de donner sa démission!. . Oui, cette lettre, toute seule, est pour moi la justification la plus complète, comme elle est pour mes accusateurs et juges, la plus incroyable et la plus embarrassante contradiction!...

Au Métropolitain.

MONSEIGNEUR,

J'ai l'honneur de vous faire passer la copie de la lettre ci jointe qui, pour être vieille de date, ne vous prouvera pas moins l'injuste et incroyable acharnement de mes accusateurs. Vous ne manquerez pas de remarquer, Monseigneur, qu'elle est d'un grave personnage et très-instruit, qui dit formellement que tous mes paroissiens sont dans la plus grande et la plus légitime indignation. Je vous ferai remarquer, Monseigneur, que cet individu ne parle point par intérêt pour moi comme prêtre, mais que, comme honnête homme, il était souverainement indigné contre mes calomniateurs. Je ne lui ai point demandé de recommandation, je ne le vois jamais. Dans sa légitime indignation, il m'envoya sa lettre toute décachetée, au moment où je partais pour Luçon. Quand je remis cette pièce à son adresse, mon évêque, après l'avoir lue, la jette sur son bureau, en me chargeant de dire à son auteur, qu'il était un insolent, qu'il ne lui répondrait pas. Par suite de cette lettre toute polie qu'elle me paraisse, ce personnage a été dénoncé à ses supérieurs, et, s'il n'eût pas trouvé, dans la magistrature, de vieux et fidèles amis, le gouvernement auprès de qui on l'avait, aussi lui, bien calomnié, l'enlevait à la confiance générale qu'il a et mérite depuis 18 ans. Quand mon évêque vient à Rocheservière, il fait visite aux plus impies, pourvu qu'ils soient contre moi; il ne lui a encore jamais donné le moindre signe de politesse.

A Monseigneur l'évêque de Luçon, le 26 juillet 1846.

MONSEIGNEUR,

« Je ne conçois pas l'acharnement des dénonciateurs de M. le curé, mais je » pense qu'il vous suffira de lire le certificat de M. Guitter, médecin, pour vous » convaincre de leurs impostures. » (Ils m'avaient dénoncé et j'avais été suspens de nouveau, pour avoir fait des crimes depuis que j'avais vu mon évêque, et le médecin certifiait que depuis ce jour même, jusqu'à celui où j'avais été frappé de nouveau, je n'avais pas quitté un seul instant mon lit, où je gisais très-gravement malade !)

« Les trames qui ont lieu à l'occasion de son affaire, ont porté l'indignation » des habitants à son comble, et, pour ma part je suis plus que surpris qu'on » ait osé vous présenter, pour déposer contre lui, deux personnes d'une immo- » ralité reconnue. Les têtes, Monseigneur, ne sont pas la preuve des sentiments » élevés, et quelque rang que les dénonciateurs de M. le curé occupent dans » la société, avant d'ajouter foi entière à leurs dénonciations, il fallait, il me » semble, vous enquérir primitivement de la moralité même des dénonciateurs. » Vous dirai-je donc qu'il n'y a pas encore un an, ils ont accueilli notre insti- » tutrice communale en proférant contre elle les calomnies les plus infâmes. » C'était une prostituée... elle avait eu des enfants... Ils ont écrit ou fait écrire » des lettres anonymes contenant mille horreurs, ont dit enfin, aux mendiants » qui allaient à leur porte, que si leurs enfants allaient à l'école à l'institutrice, » ils ne leur donneraient pas de pain; à leurs hommes et femmes de journée, » qu'ils ne travailleraient pas chez eux. Elle arrivait de Machecoul avec les cer- » tificats les plus honorables de M. le curé et de M. le maire; elle est encore » aujourd'hui sollicitée par M. le curé de Soullans, venu exprès ici, de quitter » Rocheservière pour aller à Soullans où elle est vivement attendue. J'en aurais » bien d'autres à dire, Monseigneur, si je voulais remonter à l'époque désas- » treuse de 1815. Mais jetons un voile sur le passé.

» Malgré les dénonciations, une personne honorable m'affirmait, hier soir » encore, que si vous faisiez une enquête secrète à Rocheservière, M. le curé » réunirait les 3/4 des suffrages.

» Voilà 19 ans que M. le curé est à Rocheservière; pendant 18 ans au moins, » il a été choyé par la noblesse du pays; une maison semblait le disputer à une » autre; il n'y était jamais assez longtemps; il était leur confesseur à tous sans » exception; il n'y a pas un an que quelques-unes de ces dames y allaient » encore. Si une seule de leurs dénonciations eût été vraie, conçoit-on qu'il eût » conservé leur confiance ?

» Ces faits que j'avance ici, je les prouverai quand il le faudra. Ma conscience » me fait un devoir de vous les faire connaître, persuadé que M. le curé est » victime d'infâmes calomnies.

» J'ai l'honneur d'être, etc. *** »

Je n'ai besoin de faire aucune réflexion sur l'expression énergique de cette lettre que je montrerai quand on voudra. Mais, Monseigneur, je veux revenir encore une fois sur l'inqualifiable fait de mon évêque qui maintient aujourd'hui, *sans alléguer de nouveaux griefs*, un jugement que j'ai broyé il y a 18 mois. C'est ressusciter, sans lui donner un seul petit lambeau de suaire, un mort, un squelette que j'ai bien tué mille fois par ma réponse; que mon évêque a mieux tué lui-même, en m'acquittant si honorablement, par toutes les belles promesses de récompense qu'il m'a faites si instamment; que son grand-vicaire a encore tué, par la lettre qu'il m'écrivit dès le lendemain. C'est prouver trop clairement que la décision du S. Père l'embarrasse fortement, qu'il ne sait comment s'en tirer; c'est prouver trop clairement que je ne suis pas contumax et qu'il n'a absolument rien à me reprocher; c'est surtout prouver trop clairement que, depuis deux ans, je n'ai pas fait l'ombre d'une faute qu'il puisse saisir; c'est prouver trop clairement que ma conduite a été sans aucun reproche possible. Ah! s'il eût pu en formuler un seul, dans les dispositions où il est, il n'eût pas manqué de le faire bien amèrement, avec un certain et triste triomphe, prouvant et légitimant ses mesures de sévérité contre moi. Il l'eût au moins insinuée dans sa nouvelle sentence, au lieu de vouloir me couvrir encore par de vieux et mauvais haillons d'ignominie que le bon sens, lui et moi avons déchirés, depuis plus d'un an, en mille morceaux. Mon évêque sait bien que lui-même par ses prières et ses *larmes*, tout son conseil en masse, son grand-vicaire par sa lettre du lendemain, mon témoin par ses attestations arrachées à sa conscience, comme il a dit, m'ont enlevé bien éloquemment et pour jamais ce manteau d'opprobre et de honte dont on m'avait si indignement couvert et sous lequel on voulait si traîtreusement m'étouffer.

Vous le voyez, Monseigneur, jamais action judiciaire ne fut plus maladroitement et plus méchamment soulevée, avec des circonstances incroyables, même devant aucun tribunal laïque. Mon évêque, ne pouvant pas détruire, même par de longues et dures menaces d'interdit, un fait matériellement accompli, la signature et les attestations motivées de mon témoin, a voulu, au moins, leur donner une couleur de criminalité. Il a fallu que M. le curé des Lucs allât passer quinze jours à la Trappe. On n'a pas osé le censurer publiquement, comme on l'en a tant menacé.

Ah! Monseigneur, je vous en supplie, je vous en conjure, dans les intérêts les plus chers de la religion, arrêtez cette déplorable affaire, en l'évoquant, comme de droit, à votre tribunal, et tout le plus promptement possible; autrement, nous allons avoir, bien contre mon gré, grand Dieu! les plus épouvantables scandales. Je serai forcé de faire paraître mon témoin devant les tribunaux laïques, pour confirmer et toutes ses lettres et sa signature si bien motivée. Là, il sera matériellement prouvé, outre ce qui s'est passé d'inqualifiable depuis deux ans, 1° que mon évêque a fait un faux en sa qualité de juge, pour perdre un innocent, quand il a affirmé dans une pièce authentique qu'il y avait eu une *séance indiquée* pour le lendemain; 2° que, pour couvrir le faux si bien attesté par mon témoin, il a forcé celui-ci, par un déplorable abus de pouvoir, et en le menaçant de suspense, à révoquer sa signature et ses attestations; 3° que, dans sa dernière citation, il m'accuse encore d'avoir frauduleusement soustrait des réserves faites par mon témoin à ses attestations, tandis que, ayant les attestations manuscrites, rien au monde ne me sera plus facile que de prouver le contraire, en les comparant à celles qui sont imprimées. Je ne parle pas de tous les autres incroyables faits qui, par le seul cas de cette affaire, se dérouleront forcément sous les yeux des laïques. Vous savez, Monseigneur, je vous ai montré les lettres que mon évêque est bien mal vu dans tout son diocèse en général, mais que surtout, de la part des autorités, il a soulevé une véritable répulsion. Jugez donc quels grands maux vont avoir lieu! jugez donc quelle grande et profonde douleur pour moi, bien que je n'en puisse être que la cause occasionelle et forcée! Encore une fois, il est en votre pouvoir d'arrêter de si grands malheurs, que déjà je vois fondre et sur le diocèse et sur toute la religion. Faites-le, je vous en conjure à genoux, à mains jointes, et vous prie en même temps, Monseigneur, d'agréer, etc.

A M. le Ministre des Cultes.

MONSIEUR LE MINISTRE,

Vous devez avoir, dans vos bureaux, différentes pièces qui traitent de la déplorable affaire que m'a si incroyablement et si despotiquement suscitée mon évêque, depuis plus de deux ans. J'attendais toujours pour vous en parler encore, que vos moments ne fussent plus absorbés par les affaires si intéressantes de la politique. Mais aujourd'hui, je suis trop vivement pressé par les différents et inqualifiables incidents que mon évêque fait succéder si rapidement et si violemment, presque les uns sur les autres. Je voudrais être court, mais je sens que je ne le pourrai pas.

Il y a plus de deux ans qu'il m'a frappé de suspense, sans me formuler aucun grief, sans monitions, sans preuves, sans témoins, sans me donner aucun moyen de défense, sans me dire pourquoi, enfin par sa seule conviction, et comme il le dit : *ex conscientiâ informatâ*. Il dit pourtant qu'il a fait connaître la nature des griefs à moi seul, mais le contraire est prouvé par ses sentences rendues, par la décision venue de Rome, qu'il a provoquée lui-même, par le numéro du journal *la Voix de la Vérité*, du jeudi 21 septembre 1848, qui n'a sûrement écrit que sur le dire de mon évêque. D'après un jugement si inconcevable, les ministres Martin et Hebert m'ont durement appliqué le décret de 1811; et, malgré les vives observations du préfet, du juge-de-paix et du maire de l'époque, dont vous devez avoir encore les excellents renseignements donnés sur moi, ils m'ont jeté dans la plus profonde misère, en me privant des trois cinquièmes de mon traitement, du casuel et du presbytère, contre la teneur même du *conscientiâ informatâ*, qui, d'après les plus graves autorités, voire celle du pape, ne peut s'appliquer qu'à la suspense des fonctions ecclésiastiques et jamais aux pauvres revenus. Mais il fallait soutenir Sa Grandeur et donner satisfaction à Monseigneur mon évêque !

Mon évêque qui croyait bien qu'une suspense aurait suffi pour me faire donner ma démission et m'empêcher de défendre, avec énergie, tous mes justes droits, a vu au bout d'un an, qu'il éprouverait toujours de ma part, une équitable et canonique résistance à son incroyable despotisme, résistance à laquelle, dans une trop grande confiance de son pouvoir arbitraire, il était loin de s'attendre, a porté, contre moi, une sentence de déposition qui ne peut sûrement pas être sérieuse, puisqu'elle me frappe de cette cruelle peine, pour avoir volé par an, 1734 fr. sur le produit des cierges et du drap mortuaire seulement, d'après le jugement lui-même, à une fabrique qui, dit encore le même jugement, n'a tout au plus que 1500 fr. de revenu en totalité !

Vous comprenez, M. le Ministre, que j'ai appelé d'une semblable condamnation, bien qu'elle ne pût même pas être pour moi une légère flétrissure. C'est alors que le métropolitain ne voulant pas condamner son collègue, a passé plus de huit mois à porter une sentence qui *décidait* qu'il ne *déciderait* rien et que mon appel, dont il m'avait donné *le reçu*, n'était pas *recevable*, me renvoyant devant mon évêque, pour purger ma prétendue contumace ! C'est là que mon évêque, au lieu de me juger et punir, m'a fait de si brillantes offres. Quant au *conscientiâ informatâ*, le métropolitain et l'évêque se sont fortement déclarés adversaires et en grave conflit. Je me suis mis en dehors et les ai laissé faire. L'évêque a porté l'affaire à Rome, qui vient de donner une solution par laquelle il est vrai, elle approuve cette inqualifiable manière de condamner, mais en même temps, pour faire bien comprendre que c'est une chose irrégulière et anormale, elle me rend mes pouvoirs, par la réponse à la sixième question que vous verrez dans la note que je joins ici. Mais, M. le Ministre, cela ne fait pas le compte de mon évêque qui veut bien profiter du *conscientiâ informatâ*, mais qui ne veut pas me rendre mes pouvoirs. Aussi a-t-il tu la décision pontificale, et, depuis sept mois qu'elle est rendue, il ne m'en a pas dit un seul mot. Je ne l'ai reçue la semaine dernière que par le métropolitain, et encore parce que je l'ai demandée deux fois. Bien plus, au lieu de se soumettre à une solution qu'il a demandée lui-même, mon évêque vient de me *redéposer* de nouveau, *sans alléguer de nouveaux faits*, et toujours fondé sur son incroyable jugement du 16 août 1847, que j'ai broyé par ma réponse du même mois, qu'il avait sagement abandonné, comme je le prouve par ma petite brochure du 15 mai 1848, car il m'offrait, au lieu de me juger et punir, 800 fr. de pension, le pouvoir de dire la messe, d'exercer toutes les fonctions curiales et même la moitié de son revenu et de son palais. Outre les attestations et la signature motivée de mon témoin, approuvé par lui, j'ai la lettre du vicaire-général, qui contient amplement ces promesses, en disant *qu'on est aussi éloigné de me croire coupable que le ciel l'est de la terre*, et qui me conseille d'être *généreux*. Est-il facile de mieux acquitter un accusé qu'en le récompensant au lieu de le punir? Mais aujourd'hui mon évêque se trouve pris par la décision pontificale qu'il n'attendait guère.

Conçoit-on qu'un évêque décline la juridiction de son métropolitain qui le condamne, voyez le III de la consultation; qu'il en appelle de Rome, qu'il reçoive une décision demandée; qu'il la taise pendant six mois parce qu'elle ne lui convient pas entièrement; qu'il n'en dise mot, croyant, sans doute que je ne la connaîtrais jamais; que s'apercevant qu'elle m'est enfin parvenue, et ne voulant en prendre que ce qui lui convient, le *conscientiâ informatâ*, par exemple, il foule aux pieds tout le reste, et qu'au lieu de me rendre mes pouvoirs, comme le prescrit le *dilata, et parochus recurrat*, il fulmine contre moi, pour se tirer d'affaire, après avoir attendu sept mois et *sans pouvoir alléguer le plus petit nouveau grief*, une sentence de déposition, en ressuscitant un vieux jugement broyé et mort depuis plus d'un an? et si ce jugement déraisonnable n'est pas justement abandonné, si je n'ai pas été honorablement acquitté par toutes les belles offres qu'on a voulu me faire accepter même en versant des larmes, qu'on me dise donc depuis quand on récompense, au lieu de le punir, un voleur, exacteur, concussionnaire, simoniaque, sacrilége, *homicide*, excommunié, anathèmatisé!..

Ainsi, d'abord il me suspend *ex conscientiâ informatâ*; il croit en avoir fait assez; il voit par ma résistance passive et canonique, que, fort de mon droit, je ne reculerai pas; il attend plus d'une année entière; il comprend alors que je ne céderai pas; il forge une accusation fondée sur ce que j'ai volé 100 francs là où il n'y a pas 100 sous. J'appelle de cette incroyable sentence; le métropolitain, après avoir reçu mon appel, dit au bout de huit mois, qu'il n'est pas *recevable;* me renvoie à mon évêque. Mon évêque m'absout éloquemment en me faisant les plus brillantes promesses; je refuse; son jugement tombe; la solution qui me rétablit vient de Rome, il la tait; il ressuscite son jugement et me *redépose* encore!...

Dans mon cœur et dans mon caractère, il ne me convient guère de dire du mal de mon évêque, et cependant, M. le ministre, je ne me tromperais peut-être pas, si je disais que la recrudescence de son hostilité contre moi tient à ce que, non-seulement je n'ai pas voulu descendre aux bas et indignes tripotages des dernières élections, mais que je les ai blâmés peut-être trop énergiquement, c'est au moins ce que je soupçonne, à ce que la caste nobiliaire m'est cruellement opposée depuis surtout deux ans. Je ne devrais pas rappeler tous les incroyables sévices exercés contre moi par mon évêque, depuis cette époque, et qui sont en partie consignés dans les deux mémoires justificatifs que j'ai l'honneur de vous envoyer. Je ne devrais pas dire surtout, bien que j'en ai des preuves matérielles, des lettres écrites, que mon évêque a voulu forcer par menaces de suspense le curé des Lucs, témoin approuvé par lui-même, à révoquer ses attestations et sa signature attachées deux fois à mon dernier mémoire, et qui constatent toutes les vérités qu'il contient. M. Guitton m'a écrit pendant six mois, j'ai ses lettres : qu'on le violentait, qu'on le forçait, que la foudre était suspendue sur sa tête depuis longtemps; mais qu'il ne se parjurerait pas, que, *s'il avait deux âmes, il en donnerait une*... Je ne voudrais pas dire que mon évêque, sans doute dans la crainte que je donne les *signa emendationis* demandés par la cour de Rome, pour me rendre mes pouvoirs; mais désirant plutôt que je donne des *signa scandalosa*, a défendu à mon confesseur, éloigné de sept lieues, de ne m'entendre qu'à condition qu'en arrivant chez lui, je laisse ma voiture à la porte de l'église, j'y entre pour me confesser, sans aller au presbytère, chez un compatriote, ami d'enfance, mais que j'aille prendre à l'auberge mon repas, celui de mon domestique et celui de mon cheval... J'ai honte de rapporter de semblables faits!...

Ah! quand donc, Monsieur le Ministre, la république nous donnera-elle un contre-poids, une sage et canonique liberté perdue depuis longtemps, à nous pauvres malheureux prolétaires du bas clergé, pour nous soutenir contre un pouvoir si exorbitant et si tyranniquement despotique? Quand nous mettra-t-elle de niveau avec les noirs des colonies?.. Quand justifiera-t-elle, aussi bien pour le clergé que pour le peuple, sa sublime et admirable devise qu'elle a tirée de l'Evangile : *Liberté, égalité, fraternité!*

Je ne vous demande pas, Monsieur le Ministre, de vous impliquer dans nos affaires ecclésiastiques. Je sais que ce n'est pas votre partie; j'ai honte même de vous entretenir de nos tristes et si peu édifiants démêlés. Mais si comme j'ai tout lieu de le craindre, par son caractère et ses précédents qui ne le prouvent que trop, mon évêque vous demandait de nouvelles sévérités contre moi, je vous prie de suspendre toute mesures ultérieures : j'ai appelé à Bordeaux, j'ai appelé à Rome, et aussitôt le fort de l'hiver passé, je suis résolu de partir pour cette dernière ville, mille fois plutôt que de courber le dos sous des coups si peu mérités et sous un si déplorable arbitraire. Agréez, etc.

A M. le rédacteur de la Voix de la Vérité, *qui avait défendu les jugements* ex conscientiâ informatâ.

MONSIEUR LE RÉDACTEUR,

J'ai lu avec un vif intérêt et tout ensemble avec une véritable peine, les différents articles que vous avez écrits, touchant la fameuse et émouvante question du *conscientiâ informatâ*. Il ne m'appartient pas, vous le comprenez, de prononcer sur le bien ou mal jugé d'une si grave et si intéressante question; mais il m'appartient beaucoup, vous allez encore mieux le comprendre, de relever plusieurs de vos assertions dont les unes sont parfaitement inexactes et les autres d'une sévérité que ne justifient ni les SS. canons, ni tout le régime si doux et si constitutionnel de l'église catholique. Vous nous donnez l'histoire du curé en question, sans doute telle que vous l'avez reçue; mais outre que l'amour de la *vérité*, qui est votre devise, devrait vous empêcher de croire à un fait énoncé, quelque haut placés que soient ceux qui vous l'ont écrit, sans entendre la voix contraire qui, pour être très-petite et très-humble, peut ne pas en être moins vraie, vous donnez de vous-même, de si durs et si rigoureux principes que tout le monde en est frappé de la plus grande épouvante, et que personne, moins encore aujourd'hui, ne voudra les admettre, avec leur rigueur aussi outrageante pour la justice du pouvoir, quelque despotique qu'on le suppose, que sévère et écrasante pour le pauvre et bas clergé, qui se trouverait deshérité de toute juste et raisonnable garantie. Ce sont deux assertions que tout-à-l'heure je vais parfaitement justifier.

Vous racontez, sous le voile de l'anonyme, la déplorable affaire du prêtre *aux tristes écarts*, qui a été jugé *ex conscientiâ informatâ* : il ne fallait pas vous donner cette peine inutile ; car la précision des dates, les paroles textuelles des questions faites à Rome, celles des solutions données, la singularité de l'histoire rapportée, prouvent qu'il ne peut pas y avoir deux identiques et d'un coup, dans le même diocèse. Puis moi, qui suis trop payé pour ne pas aimer les demi-mots, les ombres, les ténèbres, les guet-à-pens, les escobarderies, les voiles et les *conscientiâ informatâ*, moi qui, depuis deux ans, demande la plus grande publicité, je déchire votre voile et vous prie de dire à tous vos abonnés, que ce *prêtre à sentiments pervers*, c'est moi, Pierre Pivéteau, curé de Rocheservière, que l'évêque, c'est Monseigneur Jacques Baillés, et que le diocèse, c'est celui de Luçon, dans la Vendée. Mais il faudra bien leur dire, en même temps, que ce prêtre, quoi qu'en dise votre correspondant, ayant 53 ans d'âge, a 30 ans de ministère irréprochable et 22 ans d'excellents précédents à Rocheservière ; que, pendant 20 ans, il a eu la confiance générale, que malgré tout, il n'a pas encore perdue aujourd'hui ; qu'une coterie nobiliaire, à qui il est loin de plaire maintenant, qui l'a sans doute dénoncé et fait condamner, l'a pendant 20 ans, choyé, mitonné, fêté, comblé de tant d'invitations, d'amour, de politesses, de louanges, de bienfaits et d'unanimes applaudissements, que plusieurs fois il a été sur le point d'étouffer sous un poids si doux à l'amour-propre, mais si lourd pour l'humilité. Il faudra encore dire à vos abonnés que toutes ces belles et brillantes bijouteries que, lui prolétaire et enfant du peuple, ne pouvait porter, ont été tout-à-coup écrasées sous le poids de son opinion par trop libérale, toute démocratique, point servile et par conséquent, peu attrayante pour la gentilhommerie. Il faut encore leur dire que ce *prêtre à sentiments pervers*, n'était point *l'objet de plaintes et de dénonciations existantes depuis longtemps*, puisqu'il a en mains des lettres de son évêque, mort il y a à peine 3 ans, écrites deux mois avant son décès et qui le disent un des meilleurs curés du diocèse ; qu'il y a plus de deux ans qu'il a été si injustement censuré, sans que le nouvel évêque ait voulu, au préalable, connaître et les passions des castes, et l'esprit du pays, et le caractère honorable de son clergé, et les différentes passions de ses diocésains ; mais le condamnant aussitôt son arrivée, sur les dires de personnes qu'il ne connaissait pas, sans vouloir, comme *ce prêtre à sentiments pervers* le lui a demandé, l'attendre à l'œuvre, pour le juger ensuite par lui-même et sur les faits. Il faut encore leur dire que *ce curé à sentiments pervers* n'a point failli, sous la flétrissure infligée, comme la plupart de ses malheureux compagnons d'infortune ; que tout au contraire, depuis deux ans de souffrances et d'opprobre, il n'a point déraillé de la ligne de modération et d'édification même qu'il a suivie peut-être plus exactement qu'auparavant, et que c'est peut-être ce qui fait le honteux désespoir de ses honteux ennemis. Il faut encore leur dire que ce *prêtre à sentiments pervers* est encore aujourd'hui plein de respect pour ses supérieurs et même d'amour pour son évêque, bien qu'on l'ait chassé du chœur, pour l'envoyer, vieux curé de 22 ans, assister à la messe, dans son banc, au milieu des femmes ; qu'on ait défendu de confesser ses domestiques ; qu'on l'ait dénoncé trois fois au prône, lui présent, comme un misérable ; qu'on ait voulu retenir ses mandats de paiement ; qu'on l'ait condamné, jugé juridiquement comme voleur, par un jugement authentique qui lui fait soustraire 100 fr. là où il n'y a pas 100 sous ; qu'on ne lui répond jamais quand il écrit ; qu'on lui refuse le salut dans les rues, que, dans le dernier procès, on a forcé, par menaces de suspense, son témoin approuvé par l'autorité elle-même, à révoquer sa signature de constatation trop justement donnée ; qu'on a défendu à son confesseur dont il est éloigné de sept lieues, d'entendre ses confessions, à moins que, laissant sa voiture à la porte de l'église, il ne fasse qu'y entrer, pour se confesser; qu'il aille prendre son repas à l'auberge, sans pouvoir entrer au presbytère chez un camarade et un ami d'enfance! Il faut encore leur dire que *ce curé à sentiments pervers* a été suspens d'abord, parce que l'on croyait cela suffisant, ensuite excommunié et anathématisé, déposé comme voleur, exacteur, concussionnaire, simoniaque, sacrilége, *homicide*, pour avoir pris là où il n'y avait rien! Que, depuis deux ans, il a souffert tout cela et mille autres, etc., qu'il serait trop long de rapporter, avec une admirable patience, et qu'aujourd'hui encore il se serait sagement tu, si vous n'aviez le premier recouru à la publicité. Pour ajouter ou pour affaiblir, comme il vous plaira, il faut leur dire que, tout coupable qu'il soit, on a voulu le récompenser, malgré lui, de 800 fr. de pension, la faculté de dire la messe, d'exercer toutes les fonctions curiales, avec la moitié du palais et du revenu épiscopal.

Ces différents faits, tout inqualifiables et tout incroyables qu'ils soient, sont pourtant de la plus exacte vérité. Vous les trouverez, avec leurs preuves, dans deux petits mémoires justificatifs que vous recevrez avec la présente. Je vous prie de ne leur donner aucune publicité.

En annonçant, à vos abonnés, que la cour de Rome avait approuvé le *conscientiâ informatâ*, vous leur avez dit la vérité; mais vous ne l'avez pas dite tout entière. Vous en rapportez tout ce qu'il y a de dur, de sévère et de décourageant, puis vous taisez ce qui en corrige la sévérité et en adoucit l'amertume. Il fallait dire qu'elle approuvait le *conscientiâ informatâ*, mais qu'elle me rétablissait dans mes droits. Il fallait citer la sixième question avec la réponse donnée. La voici : *An et quomodò indulgendum sit precibus hujus-parochi in casu?* Respons. *Dilata, et parochus recurrat, postquàm dederit signa emendationis.* Le Saint-Siége approuve, il est vrai, cette manière de juger; mais, par ce mot si suave, si doux et si plein de charité, *dilata*, ne fait-il pas voir que ce n'est que *ad duritiam cordis*, comme un *odium restringendum*, comme une chose irrégulière, anormale? Ne le prouve-t il pas mieux encore dans l'ordre qu'il donne de me remettre dans mes fonctions? *Et parochus recurrat?* Mais je m'aperçois, monsieur le rédacteur, qu'il est plus facile d'obtenir du Saint-Siége une solution juste et de véritable charité que de la faire exécuter dans notre pays. Mon évêque veut bien se servir du *conscientiâ informatâ*, mais pas plus; il ne veut pas me rendre mes pouvoirs. Il veut bien être obéi, mais il n'aime pas à donner l'exemple de l'obéissance. Et, chose plus inqualifiable encore!... il cache la décision pontificale, au moins dans son sixième article. Il y a sept mois qu'elle est rendue, il ne me l'a pas encore communiquée. Je ne l'ai reçue que la semaine dernière par le métropolitain, et encore après l'avoir demandée itérativement. Vous ne voulez pas de pouvoir exécutif dans l'Eglise, dites-moi donc alors comment je dois faire pour l'exécution de cette si juste solution? Je ne reculerai pas; j'ai assez souffert pendant deux ans. Quoi qu'il faille faire et quoi qu'il arrive, elle s'exécutera, j'en réponds.

Vous dites que le *conscientiâ informatâ* s'applique aux crimes publics aussi bien qu'aux crimes secrets, à une suspense indéfinie dans sa durée, aussi bien qu'à une suspense temporaire; mais alors pourquoi nous parlez-vous de tribunaux ecclésiastiques? qu'en est-il besoin? Vous faites trembler tous le bas clergé, déjà assez aplati sous l'arbitraire et le despotisme. S'il en est comme vous dites, plus de lois, plus de canons, plus de décrets, plus de tribunaux, plus d'officialités, plus de preuves, plus de témoins, plus de juges, plus d'accusés, plus d'innocents, plus d'inamovibilité, plus d'espoir, plus d'appel, plus même de dépositon. Vous rentrez dans l'ignoble *placuerit*, le grand tout seulement! le grand *conscientiâ informatâ*!... qu'on ne manquera pas d'employer toujours. C'est si commode, si expéditif, quand on est gêné!

Les évêques en ont assez; ils n'ont plus besoin de rien, ils peuvent dire: la vérité c'est moi! la raison, c'est moi! la loi, c'est encore moi! et ajouter: *Sic volo, sic jubeo, sit pro ratione volontas!* c'est enfin *l'ultima ratio episcoporum* qu'ils sauront bien faire valoir. Vous dites que le juge n'est même pas tenu de faire connaître au coupable les motifs de sa sentence, et vous approuvez mon évêque en ceci; mais Dieu lui-même, quand il condamnera les damnés, leur fera connaître et prouvera leurs crimes!.., Croyez-vous que votre doctrine puisse être approuvée? la croyez-vous canonique? évangélique surtout? est-elle même humaine?... Ne voyez-vous pas que vous nous jetez, pieds, poings et bouche liés, sous le plus affreux despotisme, et que vous faites notre condition pire que celle des nègres de nos colonies qui, dans leur triste cabanon de servilité, ont au moins encore leur code noir!

Il est vrai que vous nous indiquez un contre-poids canonique: le recours au S. Siége; mais quelle triste ressource! un pauvre curé peut-il en user? Combien de temps avant de recevoir une réponse? pendant que, sous un stigmate flétrissant, il vivra le plus tristement du monde; si enfin il est absous, ne lui restera-t-il pas toujours une vilaine cicatrice? ne voyez-vous point que, si un évêque peut sans formes, ni procès, flétrir un curé, cette flétrissure est déjà une presque déposition, et que l'évêque qui le sait bien, ne se donnera pas la peine de procéder à une autre régulière et plus difficile? Ne connaissez vous pas le triste *crescendo* de la calomnie? Ne savez-vous pas que, quand elle a tué un homme, un prêtre surtout, pour lui *l'honneur est comme une île escarpée et sans bords, il n'y peut plus rentrer dès qu'il en est dehors?* Ne connaissez-vous pas la recommandation si sage et si importante: *Curam habe de bono nomine?* Ne savez-vous point que, quand on est tombé et flétri, on est abandonné de tout le monde, et que l'on reçoit le coup de pied proverbial? Ce pauvre prêtre regagnera-t-il facilement une confiance perdue? le scandale produit sera-t-il effacé? son autorité sera-t-elle la même? Pourra-t-il se maintenir? son évêque le recevra-t-il dans les sentiments de son cœur et de sa confiance? N'aura-t-il pas mille moyens de le punir? Ne le tourmentera-t-il point? ne lui fera-t-on point comme à Urbain Grandier? Le supérieur subira-t-il facilement un échec qu'il croira et dira fait à son autorité, tandis qu'en réalité, ce ne sera qu'une affaire d'amour-propre blessé? Se soumettra-il à la décision pontificale? Combien de moyens de l'éluder? et si comme le mien il refuse, que faire? aller à Rome!... qui le contraindra, puisque vous n'admettez point de force coactive dans l'église? Non, Monsieur, non, il ne faut point de contre-poids aux curés. Vaine illusion! il faut un préservatif: des monitions préalables; il faut qu'ils soient punis contumax, ou simplement corrigés quand ils ne sont pas rébelles; il faut protection pour les petits, les grands n'en ont que faire: il faut des lois pour les faibles; les forts sont assez protégés; il faut punir la persévérance dans le vice, mais pardonner largement la faiblesse et l'erreur.

Vous dites que le *conscientiâ* ne peut atteindre le titre bénéficial, mais il me semble que vous avez dit le contraire ailleurs. Puis où sont les bénéfices en France aujourd'hui? Il n'y a de temporel que le presbytère et le casuel; mais le décret de 1811 que les Martin et les Hébert m'ont déjà si rudement appliqué, m'a dépouillé de l'un comme de l'autre, en ne me laissant que les 2/5 du traitement, dont l'évêque retient encore les mandats de paiements qu'il veut distribuer lui-même, quand et comment il le veut.

Je me résume. Vous voyez qu'il ne faut pas dire que la vérité, mais qu'il faut dire toute la vérité. Il fallait dire que le S. Siége approuvait le *conscientiâ informatâ*, mais dire aussi que, par compensation, il me rendait mes pouvoirs: *Dilata, et parochus recurrat, etc.*. Je vous prie dans l'intérêt de votre justice, de rendre ma lettre publique et d'y répondre. Je vous demande le moyen de faire exécuter le *recurrat* qui me regarde seul. Je veux le moyen le plus doux, le moins scandaleux ; mais le plus sûr et le plus énergique. Je vous prie et vous conjure, dans l'honneur de l'Eglise, de ne pas manquer de me l'indiquer, et puisque votre journal devient si intéressant, mais surtout *si piquant*, je m'y abonne. C'est pour cela que vous trouvez ci-joint un mandat sur la poste de 10 fr., pour 3 mois.

Agréez, etc.

Au Métropolitain.

MONSEIGNEUR,

Votre dernière lettre est dure, très-dure ; elle n'est guère en harmonie avec cette petite et aimable lettre que vous m'écriviez l'année dernière et dans laquelle vous me disiez : *Je n'ai pas perdu de vue un seul instant votre affaire, et vais m'en occuper avec le plus vif désir qu'elle obtienne la meilleure solution possible.* Qui pourrait aujourd'hui avoir changé la nature des choses ? Je ne crois pas que mon évêque dise vrai, quand il assure que, depuis sa visite à Bordeaux, *il n'a rien à craindre de ce côté-là*

Vous refusez d'accueillir mon appel, Monseigneur, ; ce refus, tout en me contristant, m'honore beaucoup, me fait plaisir et me justifie aux yeux de tout le monde. Il prouve aussi clair que le jour que vous êtes trop juste pour me condamner innocent, mais en même temps trop *prudent* pour condamner un collègue, que vous connaissez parfaitement. Il n'en est pas moins vrai pourtant que ce refus constate péremptoirement ma complète innocence.... Je vous en remercie, je le conserve ; il me servira grandement au besoin. Quoi qu'il en soit, Monseigneur, je persisterai toujours à soutenir que j'ai le droit d'être jugé par vous, et que vous êtes dans l'obligation rigoureuse de le faire, car je ne suis pas contumax ; je me suis présenté, et l'on m'a bien honorablement acquitté, comme mon mémoire justificatif, revêtu des plus grandes preuves de vérité, le rapporte. S'il a plu à mon évêque, pour paralyser les effets de la solution pontificale, de ressusciter, au bout de 18 mois, *sans pouvoir formuler de nouveaux griefs*, un vieux cadavre de jugement dérisoire, bien abandonné éloquemment par lui et que j'ai mille fois pulvérisé, cela, je pense, ne peut rien infirmer ni rien remettre en question. Il y a évidemment chose jugée. Vous l'avez pensé comme moi. De plus, Monseigneur, serais-je contumax, que ce ne serait pas là une raison pour faire de moi un coupable, si je ne le suis pas. Ce n'est pas toujours ainsi que vous aviez jugé l'année dernière.

Vous me dites, Monseigneur, qu'il fallait me présenter, faire des réserves et des protestations que vous auriez appréciées ensuite. Mais je ne pensais pas en avoir besoin ; j'étais assez justifié. Puis, vous refusez d'admettre aujourd'hui les plus fortes raisons possibles que je vous donne ! Auriez-vous mieux écouté des protestations que je ne pouvais faire, puisqu'on me fermait la bouche ? N'ai-je pas au reste envoyé mes réserves et mes protestations ? Auraient-elles eu plus de valeur là qu'ici ? Les avez-vous reçues depuis ? Les écoutez-vous aujourd'hui ? Si j'étais allé les faire à Luçon, auraient-elles été meilleures ? Qui les aurait attestées ? Le seul témoin que j'aie pu avoir, parce qu'il a eu assez de courage et de dévouement pour se présenter une fois, serait-il revenu une seconde, après avoir été mille fois menacé de suspense et aujourd'hui condamné à la Trappe pendant 15 jours, pour n'avoir, après avoir été reçu comme témoin, attesté que ce que sa conscience le forçait de certifier, que ce que ses deux yeux avaient vu, que ce que ses deux oreilles avaient entendu ? D'autres confrères auraient ils voulu venir après lui pour essuyer les mêmes désagréments et affronter des dangers peut-être plus grands encore ? Je n'ai donc pas dû ni pu faire ce que vous me reprochez de n'avoir pas fait !...

Quoiqu'il en soit, Monseigneur, si le vieux squelette de jugement déraisonnable continuait à se dresser devant moi, je me verrais forcé de l'abattre encore, en recourant toujours à Bordeaux. Encore une fois, c'est mon droit. Les SS. Canons et les lois civiles n'en donnent pas d'autre. Les métropolitains sont établis pour cela. C'est leur devoir. Ceci me rappelle le mot si profond de cette femme qui, s'adressant à Philippe, roi de Macédoine, lui dit : *Si vous ne voulez pas m'écouter, cessez donc d'être roi !*

Malgré les innombrables difficultés qu'il m'a fallu, pendant trois semaines, surmonter à Bordeaux l'année dernière, mon appel fut, par l'intervention de M. Jacquemet, parfaitement reçu, j'en ai l'acte donné par vous, Monseigneur, bien formalisé. Il est vrai que quatre mois après, au lieu de juger, votre ordonnance vint décider que mon appel *reçu* n'était pas *recevable*. Mais mon droit n'en est pas infirmé. Je le maintiens résolument. S'il faut encore aller à Bordeaux, pour la troisième fois, me clouer à la porte de votre palais, coucher sur les dalles froides de l'archevêché, vous attendre toutes les fois que vous sortirez, manger le peu qui me reste, mendier ensuite dans les rues, je suis tout prêt... Je suis de fer quand je me crois dans mon droit. M. l'abbé Gignoux avait bien raison de me dire que ces sortes de choses se traitaient toujours par lettres ; il est bien plus facile, en effet, de répondre, que de se défaire d'un importun !...

Ah ! Monseigneur, combien vous aviez encore plus raison que je ne le croyais, quand, dans votre dernière lettre, vous me disiez que *les effets des solutions de Rome ne feraient qu'aggraver les difficultés de ma position !* Vous connaissez tout ce que j'ai souffert depuis deux ans ; plus d'une fois, votre cœur bon et juste en a été profondément touché ; ce n'est que, d'après vos rapports, que la S. Congrégation de Rome s'est écriée : *Quàm veré sit deploranda parochi conditio!* Vous avez toutes les preuves les plus évidentes de ma complète innocence ; vous savez que tout autre que moi eût fait peut-être, poussé trop brutalement à bout, des scandales toujours blâmables, il est vrai, mais malheureusement trop provoqués ; vous savez que je n'ai donné, d'après votre défense, aucune publicité à mes mémoires justificatifs ; vous savez que j'ai tout souffert *sicut ovis coram condente se* ; pourquoi donc, Monseigneur, votre dernière lettre, à laquelle je n'ose répondre et qui m'a passé sur le cœur comme le froid d'une épée à deux tranchants, me reproche-t-elle des menaces de scandales ? Tout ce que j'ai eu l'honneur de vous écrire, je l'ai fidèlement recopié à chaque fois et envoyé à Rome. Je suis bien sûr que le S. Père n'y verra jamais l'ombre d'un reproche de cette nature. Je vous ai dit, à la vérité, que la force des choses nous amènerait d'épouvantables scandales, et ce sera malheureusement trop vrai. Je vous ai supplié à mains jointes, dans la peine la plus profonde qu'ils me causeraient, de les conjurer, comme c'est votre droit et la volonté de votre cœur, en évoquant tout de suite ma trop cruelle affaire à votre tribunal. Vous ne le voulez pas, Monseigneur, ou vous ne le pouvez pas, je ne peux qu'en gémir. Mais jamais, non jamais, je ne m'imposerai un stupide mutisme aussi déshonorant pour tout le clergé que pour moi personnellement. Un homme du monde, un vrai voleur lui-même, se laisserait-il appeler voleur publiquement dans les rues ?...

Tout disposé que je sois à suivre les bons et excellents conseils que vous voulez bien me donner, je ne peux pourtant pratiquer le dernier, bien que j'en sois fier, puisqu'il m'honore en me supposant plus de vertu que je n'en ai. Je ne peux pas pratiquer l'humilité qui se tait. Si je suis innocent, mes accusateurs sont des monstres qu'il faut punir sévèrement. Si je suis coupable, j'en serais quitte à trop bon marché, il faudrait m'envoyer aux galères pour toute ma vie. Je ne peux pas passer pour voleur !... *J'aimerais mieux mourir mille fois et mettre mille ans à mourir à chaque fois, que de consentir pendant une seule minute à passer pour voleur !...* Mes frères, mes sœurs, mes parents, tout laïques qu'ils soient, ma famille entière, si minime, mais si pure, me reprocheraient à bon droit de laisser ternir leur juste réputation. L'ombre de ma mère, si chrétienne et si pieuse, qui m'a fait sucer avec son lait les principes de la religion et ceux de la plus scrupuleuse probité, sortirait de son tombeau, se dresserait devant moi et me reprocherait de croupir, par la plus lâche couardise, sous le plus déshonorant des stigmates! L'habit que je crois avoir porté, jusqu'ici avec une certaine dignité, serait un reproche vivant et continuel attaché à ma chair, qui me couvrirait de honte et d'ignominie!.. Je le croirais souillé de la plus infâme de toutes les fanges, et je le jetterais là... Un prêtre!... Mais les communistes, les disciples de Fourrier, les Cabet, les Proudhon, les Barbès, les Blanqui et les Louis Blanc, au mois de juin, fusillaient un voleur, et gravaient sur sa poitrine le mot : Voleur!...

Je n'abandonnerai jamais et je poursuis mon appel à Bordeaux. Je maintiens ce que je crois mon droit, *et je ne pratique pas l'humilité qui se tait*.... Je pars pour Bordeaux. MM. Jacquemet et Laroque sont encore là!

Si j'étais un bouc, je voudrais être le bouc émissaire et prendre sur moi toutes les iniquités commises dans cette déplorable affaire; mais je suis un homme, un prêtre.... Faut-il *pratiquer l'humilité qui se tait?* jamais! Passer pour voleur? jamais! Pour exacteur? jamais! Pour concussionnaire? jamais! Pour simoniaque? Jamais! Pour sacrilége? jamais! Pour homicide? Jamais! jamais! jamais!...

Vous m'aviez aussi vous, Monseigneur, proposé d'honorables transactions; ce qui prouve évidemment la bonté de mon droit. Je n'en veux point. On ne transige pas avec l'iniquité, ni avec l'affreuse calomnie. Je poursuivrai, s'il le faut, mon appel, jusqu'à l'autre bout du monde, en mendiant et avec le bourdon de pellerin.

Je vous prie de ne pas adirer les pièces importantes que vous avez à moi, dans vos bureaux, dont j'aurai bientôt besoin, et dont la demande que vous m'en aviez faite prouve si clairement, avec les mille autres raisons, que mon appel avait été reçu et que vous alliez juger. Je joins ici la copie de la nouvelle requête que j'adresse à Rome, et que j'aurais faite bien plus explicite, si auparavant j'eusse reçu votre lettre, et si j'eusse pu croire ce que je ne pouvais que soupçonner.

Ah! Monseigneur, qu'elle me fait de mal cette lettre! si j'avais eu le malheur de perdre l'intérêt que j'avais inspiré à l'excellent métropolitain, oui, Monseigneur, j'aimerais autant que Dieu m'ôtât tout de suite le reste de mes pauvres jours, dussé-je, en m'en allant, emporter l'infâme stigmate de voleur, plutôt que de les traîner encore avec la plus lourde de toutes les peines. Mais je connais vos excellentes qualités, je me console et sais bien que vous n'oublierez pas le pauvre et trop malheureux curé vendéen qui vous offre toutes ses affections, toute sa reconnaissance et tout le profond respect avec lequel etc..

P.-S. Je viens d'apprendre que mon évêque allait publier une brochure sur mon affaire, s'il le fait, mes deux mémoires partent aussitôt avec accompagnement. Je ne fais jamais rien sans vous prévenir, tout ce que j'écris à Bordeaux, je l'envoie à Rome. Je viens d'apprendre avec le plus grand plaisir du monde, que M. l'abbé Jaquemet, mon ancien écolier, est nommé évêque de Nantes, et va être mon proche voisin. *Oportet illum crescere, me autem minui!*

Ad sanctissimum patrem nostrum summum pontificem Pium IX.-2e Appellatio.

SANCTISSIME PATER,

Romam statim proficiscendi, ad sacros Sanctitatis Vestræ pedes humiliter provolvendi, summâ cum reverentiâ, summâque cum veritate statum præsentem rerum exponendi ardentissimo desiderio peruror; sed intemperies, sed infirmitates ærumnis per duos annos passis imbibitæ, sed præsertim summa omnium penuria in quam me dejecerunt, iter tàm summoperé desideratum usque ad ver novum procrastinant. Oh! cum quantâ felicitate, sanctissime pater, omnium fidelium patrem, omnium christianorum amorem, ecclesiæ decus et lumen, ipsorumque infidelium admirationem, venerabilem, doctum, sanctumque Pium IX, videbo, admirabor, benedicam simul et laudabo!

Si, quod ex præcedentibus, præsertim post datam Romæ solutionem de *conscientiâ informatâ*, mihi timendum esset ne dolore suffraganiem condemnendi, æquior tamen ut innocentem condemnet, judicare recusaret Métropolitanus, quæ anxietas judicandi meam veré probaret innocentiam et ostenderet me nullo modo posse condemnari, omnibus supplicationibus, Vestram adjuro Sanctitatem ut ad suum summum tribunal rem meam omninò mihi deplorandam quàm primò revocet, ut ab illâ judicer, aut si, magis placet, quanquàm magis plus mihi displiceat, ut ad Métropolitanum jussionem statim aut delegationem mittat. Unquàm enim, unquàm veré quod per duos annos perpessus sim, quod et nunc perpetias et quod adhùc in futurum perpessurus sim Vestra Sanctitas, licet piissima, nec percipere, nec colligere potest! Dificiunt vires, retunditur vigor, moxque jacebit prostrata paupercula virtus. Ah! sanctissime pater, tantorum etiam crudeliorum malorum finem accelera. Per summam vestram bonitatem et justitiam iterùm atquè iterùm Vestram Sanctitatem rogo et deprecor. Certé, certissimé non contumax; etenim nova facta, aut antiqua pertinaciâ si in me habuisset, in incredibili resurrectione judicii veteris quod fideliter transcripsi et ad Vestram Sanctitatem item misi, iterùm exprobrare utiqué non abnuisset episcopus.

Ad sacros pedes vestros pervolvo, quos cùm summâ veneratione etiam et religiosé deosculor. Inter varias et multiplices ærumnas, ad me à S. Providentiâ missas, ut fortiter tolerare adhùc possim futuras, quæ semper consolatur, medetur, et quæ sœpissimé sanat, hanc apostolicam benedictionem enixés desiderat et humiliter efflagitat.

Sanctitatis Vestræ in Christo filius et servorum humillimus.

PIVETEAU,

Parochus vulgò de Rocheservière, diœcesis Lucionnensis, in Galliâ.

Die 21 novembris an 1848

FORFAITURE DU CURÉ DES LUCS.

Circumdederunt me sicut apes, et exercerunt sicut ignis in spinis.

Copies textuelles et exactes de toutes les lettres que m'a écrites M le curé des Lucs, relativement à ce qui a eu lieu au sujet de ses attestations données à mon dernier mémoire justificatif; des menaces que lui a faites l'autorité à cette occasion, et de sa dernière lettre à Luçon, par laquelle, se mettant en flagrante contradiction avec tous ses précédents, il se fourvoie et se parjure de la manière la plus déplorable pour le caractère sacerdotal, même pour celui de simple honnête homme, par des menaces de censure ecclésiastiques, répétées pendant plus de six mois, placé entre sa conscience et son pain quotidien, il a été forcé d'oublier un instant que l'homme ne vit pas seulement de pain, mais de toute parole qui procède de la bouche de Dieu, de la bouche de la vérité. Je lui pardonne pourtant, parce que, malgré tout, il m'a rendu de grands services par son courage et son dévouement qui, hélas! n'ont pu se soutenir jusqu'à la fin, pervertis, débordés, écrasés par un abus de pouvoirs religieux incroyables. Je lui pardonne, parce que je comprends très-bien jusqu'où le trop vrai *malé suada fames* du poète peut conduire et faire descendre les plus dévoués et les plus courageux. Si sa chute a été profonde, elle prouve qu'il s'était élevé à une énergie de courage et à un amour de confrère qu'il ne serait peut-être pas commun de trouver aujourd'hui dans le clergé, applati sous le despotisme épiscopal, par l'obéissance aveugle, passive et anti-canonique. Je le remercie d'avoir été honnête homme au moins jusque là. J'oublie facilement les injures faites, en considération des services rendus. Sous l'empire d'un système d'intimidation inqualifiable, il excite plutôt ma pitié que ma colère. Je ne le blâme pas plus que je ne blâmerais le couteau du bourreau qui m'égorgerait. Par pitié donc je lui pardonne, à lui bien sincèrement; par devoir, je pardonne *aux autres*, parce qu'un chrétien, un prêtre surtout, doit pardonner tout et à tout le monde. Je pardonne encore, parce que j'ai appris que moi-même j'ai souvent besoin de pardon. Le crime cependant n'en est pas moins constant et profondément déplorable. Sans aucune réflexion, je ne vais que copier bien fidèlement les susdites lettres. Leur dure, mais trop véritable éloquence parlera suffisamment pour moi. Je les ai toutes numérotées, parce que, pour la plupart, elles ne sont pas datées. M. le curé des Lucs m'écrivait toujours par la voiture qui était payée par nous pour nous apporter réciproquement la poche des journaux que nous voyions en commun. Je suis sûr d'avoir reçu d'autres lettres, peut-être plus fortes que les suivantes que je n'ai retrouvées que par un hasard presque providentiel, n'y attachant, dans le temps, aucune importance.

N° I. Bien cher ami, voici du nouveau et du certain : Monseigneur de Luçon s'est avoué condamné à Bordeaux. Il y a bien un mois que sa grandeur a soumis ses actes au tribunal de Rome. Si là l'opinion du métropolitain est préférée à la sienne, Monseigneur s'avouera vaincu. On m'a rapporté aujourd'hui des choses qui prouveraient que notre bon évêque se sent aujourd'hui dans l'embarras.

N° II. Bien cher curé, la lecture de la lettre que vous m'avez communiquée m'a fait grand mal au cœur. Oh! que de turpitudes de toutes parts!... Toutefois, mon bon ami, cette peine me paraît une preuve évidente que ces hommes, *comme ceux qui les dirigent*, sont à bout de raison. Leur conduite lâche et absurde annonce des ennemis vaincus qui se tortillent et se débattent sous le poids accablant d'une défaite certaine. Courage donc jusqu'au bout; qu'il ne soit pas dit qu'ils aient obtenu, malgré leurs efforts, de vous faire sortir de la droite ligne. Fidèle à vos principes et à vos résolutions, vous continuerez à vous grandir autant que vos ennemis continueront à se rapetisser. N'y aurait il point moyen, toutefois, avec cet écrit signé, de leur faire donner une leçon? Quoi qu'il en soit, soyez ferme et impassible sur votre terrain.

N° III. Votre dernière lettre, avec une copie de la belle expédition de l'admirable conseil de fabrique de Rocheservière, est allée au Poiré, hier. Les amis de ce côté-là ne s'intéressent pas moins que nous à vos affaires. La conduite et les procédés du petit vicaire sont évidemment trop absurdes et trop vils pour produire quelques effets fâcheux. Nous ne doutons point que les intentions de vos persécuteurs, *comme celles de ceux qui les dirigent et les alimentent*, ne soient *ad destruendum, ad eradicandum, ad occidendum*; mais nous pensons aussi que toutes leurs entreprises n'aboutiront qu'à multiplier leurs infamies et leurs atrocités, et que tout aboutira tôt ou tard à la mer Noire, où ils iront les uns et les autres barboter et noyer ensemble la rage et la honte qui seront leur seul triomphe, le seul fruit de leurs iniquités. Nous vous disons tous : *Confortare et esto robustus usquè in finem. Post tempestatem, tranquillum faciet. Dominus Deus scit improperium tuum et confusionem tuam et reverentiam tuam. In conspectu ejus sunt omnes qni tribulant te. Alieni insurrexerunt adversum te, et quæsierunt animam tuam et non proposuerunt Deum antè conspectum suum*..... Oh! qne nous souhaitons vivement la fin de tout ça, qui, à notre avis, ne manquera pas de mettre chacun à sa place. Amen, mille fois. Je vais vous dire un mot qui vous fera rire; mais, dam, je veux que vous le gardiez pour vous... Voici ce mot pour vous seul... Ne nous laissez rien ignorer de ce qui se passe à votre sujet, surtout de ce qui peut venir de Bordeaux. Le vicaire des Lucs ne vous dit pas grand'chose, il n'en pense pas moins........

N° IV. .... Ce n'est pas moi qui vais en retraite; ma confession, je pense, se fera tout de même à Luçon, comme la vôtre. Si vous veniez demain, vous seriez le bien venu, mais notre dîner est arrêté pour quatre heures. Beaufou y assistera. N'avez-vous point écrit à Bordeaux? Il me semble que Rome a eu le temps de dire un mot.

N° V. L'événement de Chantonnay (la suspense du curé en dépit de la mienne, qui paraissait donner beaucoup de travail à l'autorité) nous a affligés comme vous et par les mêmes motifs. Cependant il ne faut pas en conclure que le voyage de Paris (M. l'abbé de l'Epinay y était allé) et de Bordeaux (l'évêque y était allé) aient donné aucune assurance, ni qu'il ait pu ajouter à la *bravoure* et à la confiance trop naturelles. Ça va plus mal encore au ministère qu'à la préfecture, et les hommes les plus optimistes l'avouent maintenant. Comment donc expliquer les choses? J'ai entendu remarquer autrefois que, quand on voulait opposer une digue à un torrent, s'il ne pouvait réussir à la rompre, il faisait éruption dans la campagne et multipliait ses ravages. Les événements se pressent à Rocheservière. La Providence veut peut-être procurer un moyen de suppléer à la lenteur incroyable de vos juges. Votre exemplaire, après avoir passé sous les yeux de M. Vrignoneau, est retourné aux Lucs, où il vous attend. Votre cousin Mémet trouve bien votre réponse. Il ne m'a pas donné de détails sur son sentiment. Le cousin du Poiré pourra vous dire ce que M. Vrignoneau en pense. Au moment où j'ai reçu votre lettre, je délibérais avec M. l'abbé pour vous écrire, car les cousins du Poiré viennent, mardi prochain aux Lucs, manger un boudin et de la fressure, mais ils ne seront pas seuls; c'est pourquoi je ne sais si vous pourrez venir vous joindre à la compagnie. Si vous croyez qu'il soit mieux de vous abstenir, venez donc pour dîner, le mercredi, en vous rendant au Poiré. Il y aura bien encore des boudins et de la fressure. Je sais que vous les aimez. Vous voyez cher voisin, que je vous parle en ami. *Confortare et esto robustus. Ne deficiat fides tua.*

On dit que le clergé vendéen, surtout dans la haute Vendée, est aussi mécontent qu'inquiet. Le peuple lui-même partage les appréhensions ecclésiastiques. *On paraît croire qu'il est nécessaire qu'un nouveau Jonas soit jeté à la mer.* Un individu de Bourbon vient d'apporter ici la nouvelle que le *Siècle* vient de donner un article épouvantable contre Monseigneur de Luçon. Cherchez-le donc et nous l'apportez. Je pense que c'est l'événement de Chantonnay qui a inspiré M. Chambolle et a aiguisé sa plume. *Totus ex corde tuus.* GUITTON, prêtre.

N° VI. Luçon, le 20 juin 1848.

« Mon cher ami, Monseigneur me charge de vous écrire que vous ayez à ve-
» nir à Luçon aussitôt la réception de cette lettre. L'octave du Saint-Sacrement
» ne doit pas vous empêcher de faire ce voyage.
» Tout à vous. Signé B. GOURAUD, sup. du sém.

Aux Lucs, le 23 juin 1848.

M. le supérieur, je reçois à l'instant, deux heures après midi, votre lettre d'appel, en date du 20 courant. Je n'ose pas laisser la Saint Jean et le dimanche sans messe. Lundi et mardi, j'ai des mariages à célébrer. D'un autre côté, à la suite des pâques et de la première communion, je suis fort fracassé, et j'ai besoin de suer plusieurs chemises pour me remettre. Si vous pouvez me dispenser de ce voyage, vous me ferez plaisir et me rendrez service. Je suis prêt, du reste, à recevoir avec soumission, respect et discrétion, les communications que vous pouvez avoir à me faire.

Agréez, etc. P. C. GUITTON, prêtre.

P. S. Ami, que me veut-on à Luçon? Que pensez-vous de ma réponse à cette petite signification? Je n'ai pas envie d'y aller, si on m'appelle encore. Votre avis. Salut.

N° VII. Je ne peux pas aller à la retraite... . J'ai vu, lundi dernier, le Normand, qui a emporté, *en confidence*, le dernier exemplaire. Ne pressez pas, je vous prie, la publicité. Le facteur ne m'a rien apporté hier. Il viendra demain. Ah! si l'affaire pouvait être remise dans l'état où elle était le 26 avril au soir!.... Je vais encore écrire ce soir une petite lettre, à Luçon, où elle arrivera demain à midi, sans savoir ce que le facteur peut m'apporter demain matin. Adieu.

N° VIII. C'est Barberousse qui va à la retraite. Je lui ai communiqué, dans le temps, la lettre du citoyen Menout. Le 29 juin, j'ai reçu une réquisition *menaçante* de Luçon, en date du 26. J'y ai répondu hier, 30. Je n'attends plus qu'un coup de canon. C'est du sérieux tout-à-fait. Ma lettre se résume à cette déclaration : *Je n'ai qu'une âme ; je n'ai qu'une conscience.* Vous devinez à qui je réponds par cette déclaration. Ma réponse est aussi calme, aussi franche, aussi modérée qu'elle est forte. Il pourrait se faire qu'on y regardât à deux fois avant de me canonner. Toutefois, connaissant la fécondité de l'arsenal et le savoir-faire des directeurs de l'atelier, je ne serais point étonné si, un de ces matins, je me trouvais réveillé par un coup de canon sec et mortel. Si cela arrive, il faudra ajouter une petite feuille d'impression qui donnera un nouveau chapitre... J'ai tâché de lire votre brouillon de lettre. Je ne pense pas que cette seconde obtienne plus de réponse que la première. Le Baron est arrivé aujourd'hui. Il vous souhaite le bonjour. Il ne sait ce que penser, ni ce que dire de la position qui m'a été faite, ni ce qu'on va faire de moi... Salut. A bas la républ'ique. Faites-moi le plaisir de ne plus m'en parler.

N° IX. Salut. Le citoyen du Poiré a pris un exemplaire; le citoyen Baron, parti pour son pays, la Bernardière, en a emporté un autre avec lui. Il doit rentrer aux Lucs pour dimanche prochain. Je pense qu'il se fixera ici et ne retournera pas au Moulinet, il fera bien... Si vous recevez un jugement *modifié*, vous ne manquerez pas de le communiquer à ma curiosité. J'avais la poste dimanche et aujourd'hui; elle ne m'a rien apporté. Je ne vous avais pas dit qu'à la date du 20 courant, j'ai expédié, à Luçon, une seconde lettre sur le même ton que la première, à côté de laquelle elle mérite d'être enregistrée. Je répondais, par un relevé, à celle du citoyen supérieur. Cette nouvelle lettre a dû croiser, à la poste, sa lettre d'appel qu'il aurait retenue, je pense, si la mienne fût arrivée avant son départ. Je ne crois pas maintenant que l'on me rappelle; mais gare à moi tout de même... Vous savez maintenant les nouvelles positivement. Elles nous étaient parvenues dès dimanche. Vous êtes donc en retard chez vous. Mais où en est votre république? c'est ce que j'ignore et suis impatient de savoir. Les dernières pancartes du citoyen Grilles semblaient sonner l'agonie. Lisez donc ses affiches...

N° X. Un nuage épais... sombre... menaçant, plane sur ma tête *coupable* et menace de m'écraser... de m'anéantir dans sa chute qui ne peut pas tarder... Déjà je dois prêter mes épaules pour en recevoir tout le poids, car je suis incapable de fléchir le genou pour faire amende honorable... Déjà on dit que l'incendie de la Garde est le fait de quelques-uns de vos partisans... Je crains bien que ceci n'autorise à vous faire un nouveau mauvais parti... Je n'ai pas vu Saint-Sulpice, depuis que je vous ai vu .. Ne pressez donc pas tant à publier vos œuvres. Renoncez donc à vos inscriptions. Le Poiré le désire.

N° XI. Le citoyen Normand m'a écrit hier une condoléance, en m'annonçant que le citoyen de Mormaison, étant jeudi dernier à Rocheservière, avait appris que j'avais signé et approuvé un faux rapport de ce qui s'était passé à Luçon et que j'en étais complètement disgrâcié; que, si je ne l'avais déjà, j'allais recevoir incessamment un interdit. C'était, sans doute, le citoyen Pro... qui avait donné cette belle nouvelle au bonhomme de Mormaison qui y croyait bien. Le coup de canon n'est pas encore arrivé aux Lucs, Je l'attends de moment en moment. Je graisse mes bottes et fais mon sac, puisqu'il faut encore reprendre le rôle de Juif-Errant comme jadis. Salut. Voici la dernière phrase de ma lettre du 30 : « Par votre lettre du 26 courant, qui se résume en une injonction me-
» naçante, vous m'avez cloué aux pieds de mon crucifix, où je dois me tenir en
» permanence. Une seule consolation semble me rester, c'est que dans la voie
» douloureuse que vous paraissez m'ouvrir, je rencontrerai, sans doute, plus
» d'un nouveau Cyrénéen, pour m'aider à porter ma croix, s'il le faut, jusqu'au
» tribunal suprême, où nous trouverons tous la justice infaillible de laquelle il
» n'y aura plus d'appel. »

N° XII. « Je soussigné, prêtre, désavoue bien volontiers et bien sincèrement
» tout ce qu'il peut y avoir de faux et d'injurieux dans un imprimé de M. Piveteau, curé suspens de Rocheservière, en date du mois de juin de la présente
» année, et demande le retrait de ma signature qui s'y trouve apposée. Je
» veux, en outre, n'être plus impliqué dans la trop déplorable affaire de
» Rocheservière.

» Aux Lucs, le 7 juillet 1848.

» A M. l'abbé GOURAUD, vicaire-général à Luçon. »

Je n'écris à Luçon qu'à mon tour. Poussé au pied du mur, voilà ce que j'ai accordé. Si ça ne suffit pas, il faudra mourir... Vous êtes trop confiant... Il n'y a rien à faire, je le vois bien maintenant... *Testis unus, testis nullus.*

N° XIII. Bien cher curé, vous n'êtes pas calme... Vos lunettes grossissent les objets... Vos jugements sont trop précipités... En désavouant tout ce qu'il peut y avoir de faux et d'injurieux... il est naturellement sous-entendu... et qu'on prouvera. Car jusqu'ici je n'ai pu obtenir de preuves à l'appui des allégations générales... Le titre de *curé suspens,* est le titre légal pour le moment. Je ne pouvais pas, dans les circonstances, en prendre d'autre. Le mot *déplorable* n'est pas nouveau. Vous l'interprétez mal... *Je ne veux pas être impliqué,* ça n'est pas plus difficile à comprendre... J'aurai occasion de vous faire part de ma correspondance. De la prudence, du calme... N'oubliez pas la fable du lion, et encore moins celle du pot de terre et du pot de fer... Encore une fois, du calme... pas de précipitation, plus de maturité. La voiture me presse...

N° XIV. Ami, je dois vous observer que la démarche à laquelle je me suis décidé, ne peut être imputée à d'autre qu'à moi seul. Je n'ai point cru faire un faux ni félonique certificat qui s'explique et doit s'expliquer non-seulement par les termes, mais encore par les lettres qui l'ont précédé. En déclarant que *je désavoue bien volontiers et bien sincèrement tout ce qu'il y a de faux et d'injurieux,* on ne peut pas en induire que j'avoue avoir attesté le faux et l'injurieux, à moins qu'on ne prouve que je l'ai fait. *En demandant le retrait de ma signature apposée à l'imprimé,* je n'ai entendu et ne dois entendre que ceci : qu'elle soit retirée, si elle atteste le faux et l'injurieux. *En demandant à n'être plus impliqué dans la trop déplorable affaire de Rocheservière,* on ne peut pas entendre autre chose sinon que je regarde, comme toujours, cette affaire comme trop *déplorable* pour tous ceux qui s'y sont trouvés impliqués, et que je ne veux plus m'en occuper, puisque tous mes efforts de bonne intention ont été inutiles. Je ne pense point vous avoir fourni, pas plus qu'à d'autres, des armes pour m'achever. De la prudence et pas de précipitation... Ne vous pressez pas tant d'écrire à Luçon... J'ai envoyé un double de ma déclaration au bon confrère du Poirée. La veille du jour où je l'ai adressée toute sèche à Luçon, je l'avais fait précéder d'une lettre dans laquelle je finissais par dire que, si l'affaire pouvait être remise à l'état où elle était le 26 avril, à la fin de la séance du soir, j'osais espérer qu'avec un peu de prudence et de persévérance, on pourrait obtenir de vous cet acte de *générosité* qu'on vous demandait dans la lettre du 27 avril. Si je me suis trompé, voyez. J'ai toujours pensé qu'un arrangement le plus équitable possible, était le seul parti à adopter pour tout le monde. Je crois qu'il est peut-être à regretter que vous n'ayez pas suivi l'avis que je vous donnai le 26 au soir, avant de nous mettre au lit. Vous n'avez jamais pu compter sur un gain de cause complet. Assez de batailles, assez de combats. Il faut aviser, s'il est encore possible, à une paix, à une conciliation honorables... Je ne cesse pas d'être votre ami dévoué. Que je ne sois pas compromis davantage!...

N° XV. Je viens d'apprendre que les petites nouvelles que je vous donnais l'autre jour, étaient controuvées. Ce qu'il y a de vrai, c'est que votre affaire ne paraît pas abandonnée. A ce propos, bon ami, je dois vous avertir qu'il est urgent que je me gare autant que possible, si je ne veux pas hâter la chute du glaive levé sur ma tête depuis longtemps. Abstenez-vous de m'envoyer la poche des journaux. C'est prudence. Il m'est pénible de vous faire cette déclaration, mais que voulez-vous? Espérons que la divine Providence, par des moyens à elle connus, dissipera les nuages et écartera les orages. *Post tempestatem, tranquillum faciet. Fiat, fiat, Amen.*

Du même à Monseigneur de Luçon.— Lettre-conclusions-monstre....

Aux Lucs, 20 octobre 1848.

MONSEIGNEUR,

A la date du deux août dernier, écrivant à M. le supérieur du grand-séminaire, j'ai déclaré avec toute la sincérité dont un prêtre est capable, que les attestations signées de moi. et que l'on trouve apposées sur un imprimé de M. Piveteau, curé suspens de Rocheservière, n'avaient point été données pour en approuver le style et les formes, que j'objectai et reprochai moi-même à l'auteur, quand il me présenta son manuscrit dont j'ignorais absolument la destination. Je soutiens encore que l'autographe doit porter mes réserves à ce sujet.

J'ai observé en outre, Monseigneur, que les regrettables attestations n'avaient été données qu'après d'autres objections contre les inexactitudes et les exagérations que présentait ledit manuscrit. J'ai dit enfin que la narration du pauvre prêtre, ayant été livrée à l'impression injustement et sans correction, malgré mes observations et mes remontrances, je désavouais bien volontiers ce qu'on y trouvait de faux et d'injurieux. Je regretterais jusqu'à la mort que ma bonne foi ait pu être surprise une fois dans ma vie.

Ce qui m'est parvenu des observations et des explications de Monseigneur, sur le manuscrit imprimé, suffit pour me convaincre qu'il est aussi faux qu'injurieux; que ce qui a eté dit et fait dans les séances de l'officialité du 26 avril, a été par moi fort mal entendu et fort mal compris. (Est-il bête.) Je vois que non-seulement ma bonne foi a été surprise (il n'en a pas), mais encore que les grandes émotions dont j'ai été témoin et auxquelles j'ai pris une large part, contre l'endurcissement obstiné de l'accusé, dans la seconde séance, m'ont fait commettre de graves erreurs que je déplore. En conséquence, je voue l'imprimé justement incriminé au néant, avec mes deux attestations et mes deux signatures que je rétracte par la présente, dont Monseigneur fera l'usage qu'il jugera convenable.

Si, malgré mes premières déclarations, Monseigneur, votre cœur était resté sous le poids d'une affliction profonde, je supplie votre PATERNITÉ de croire que jamais, dans les circonstances dont il s'agit, comme dans toutes celles qui les ont précédées, je n'ai voulu prendre la plus petite part aux hostilités que votre droit a rencontrées du côté de Rocheservière. Dieu m'est témoin des intentions qui m'ont dirigé dans mes démarches et mes procédés, et qui n'ont eu pour but que la gloire de Dieu et le salut d'une âme dont je regretterais éternellement que la perte pût entraîner celle de la mienne. Je proteste donc de la droiture de mes intentions et je demande pardon à Dieu et aux hommes d'avoir permis de les révoquer en doute. Mes espérances de conversion que je croyais légitimes, ont été frustrées; non, Monseigneur, non, mon cœur et mon esprit n'ont point cessé d'être le cœur et l'esprit d'un prêtre. La grâce de Dieu ne permettra pas qu'ils cessent de l'être davantage à l'avenir. S'il en devait être autrement, je me vouerais moi-même d'avance à l'anathème. Non, Monseigneur, non, le ciel ne permettra pas que le pauvre petit curé des Lucs vienne ajouter de nouveaux chagrins à ceux trop grands et trop injustes que le malheureux curé de Rocheservière a causés à votre âme épiscopale : *Loquere, Domine, quia audit servus tuus, vias tuas demonstra mihi et semitas tuas edoce me.*

Le moment est venu. Monseigneur, où je pourrai accomplir un projet que j'ai été obligé de remettre déjà trop de fois: pas plus tard qu'aussitôt la fête de la Toussaint, le ciel lui-même me conduira dans une sainte solitude, où mon modèle et mon maître m'attend, j'en suis sûr avec impatience, pour me retremper dans l'esprit de ma vocation. Cet espoir fondé est un grand soulagement pour mon cœur, au milieu de l'océan d'angoisses où il se trouve placé: *Errare humanum, ut perseverare diabolicum.*

Pendant ces jours dont mes vœux hâteront l'arrivée, votre charité, Monseigneur, m'accordera de joindre vos ferventes et efficaces prières aux miennes, pour que le ciel m'aide à conquérir l'estime et la confiance de mes supérieurs bien aimés.

Si dans cette lettre qui serait moins longue, si elle n'était pas l'œuvre d'un cœur d'enfant, il se rencontrait quelque chose qui pût présenter un sens illégitime, je le désavoue d'avance, parce que je suis toujours sans arrière-pensée.

Veuillez agréer, etc. P.-C. GUITTON,

Prêtre qui dit la messe tous les jours.

Ce que c'est que la couardise! Oh combien il est urgent qu'on nous ramène aux anciennes constitutions qui, en tempérant le pouvoir des évêques, donnent de sages garanties aux curés, arrêtent par là des crimes de cette nature, en empêchant de si horribles oppressions des chefs sur les subalternes! Si le curé a signé vrai, quel crime de le forcer à se parjurer? S'il a signé faux, pourquoi ne pas l'interdire tout de suite, au lieu d'attendre sept mois?

Dans cette douloureuse et trop déplorable affaire, trois choses sont donc tristement et bien matériellement prouvées: 1° Mon évêque, en sa qualité de juge, dans une pièce authentique, pour mieux perdre un innocent accusé, a fait un très-regrettable faux, en assurant que *j'étais parti quelques instants avant une séance indiquée la veille*, pour le lendemain; qu'il m'a envoyé la dernière assignation du vingt-deux mai 1848; 2° pour couvrir ce faux attesté si énergiquement par M. le curé des Lucs, il a forcé celui-ci, par des menaces de suspense, qui ont duré au moins six mois, à se parjurer, en révoquant ses attestations et sa signature si fortement motivées; 3° dans la résurrection *pure, simple* et incroyable de son plus incroyable jugement, il m'accuse d'avoir soustrait frauduleusement des réserves faites par M. Guitton, à ses attestations, tandis que rien au monde n'est plus facile à prouver que l'insigne fausseté de cette accusation bien minime, en comparaison de toutes les autres portées contre moi: j'ai les attestations manuscrites; j'ai les mêmes attestations imprimées, qu'on les compare!... Ceci est dur à dire, plus dur peut-être à entendre, mais encore ici, ce n'est que la dure et malheureuse réalité des faits. Cela seul, en prouvant l'acharnement *aveugle* qui me poursuit, devrait aussi prouver ma complète innocence...

Je ne peux faire ici aucune réflexion, parce que je ne trouve ni pensée, ni parole à la hauteur d'une telle infamie, dont le pauvre curé n'est passible que de la partie mécanique, et au point de vue de sa crainte trop servile, qui l'a complétement bouleversé dans son bon sens ordinaire, en lui faisant oublier les lettres qu'il m'a écrites, ou en lui laissant croire que celle qu'il a adressée à mon évêque, ne me tomberait peut-être jamais sous les yeux; mais combien il faut qu'on ait pesé durement et tyranniquement, par un inqualifiable et sacrilége abus de pouvoirs religieux, sur la conscience de ce pauvre et infortuné Guitton, pour qu'il ait enfin, après avoir énergiquement résisté pendant plus de six mois, par les lettres les plus fortes qu'on doit avoir à l'évêché et dont j'ai vu quelques-unes, commis un si grand crime? Mais quel est le plus coupable de celui qui, par un pouvoir absolu et arbitraire, met la vertu à une si rude épreuve et la fait enfin succomber, ou de celui qui, après avoir vaillamment combattu pendant sept mois, cède à une crainte qui le déborde et à la faim qui l'aurait bientôt rendu?

Dira-t-on encore ici que je suis *faux et injurieux; que je fais un pamphlet diffamatoire?* mais sans aucune réflexion, je laisse seulement descendre durement l'âpre et écrasante éloquence des faits que je ne peux adoucir! je dirai simplement : Que l'on vienne donc encore aujourd'hui nous vanter les officialités créées et présidées par NN. SS. les évêques! quand les subordonnés s'oublient si tristement, pressurés ainsi par les maîtres, que ne fera pas le pouvoir lui-même? *Quid Domini facient, audent quùm talia fures?*

Lettre de M. l'abbé Menout, ancien missionnaire de France.

.... J'ai toujours eté vivement et péniblement affecté de votre malheureuse affaire; dix fois, j'ai été sur le point de vous écrire, pour vous engager à terminer. Je ne l'ai pas osé et personne ici ne me l'a conseillé, *votre mémoire vous donne gain de cause*; Monseigneur pretend ne pas être dans l'erreur; que voulez-vous que je vous dise, dans une pareille opposition?...............
..... Je suis, avec une véritable affection, votre dévoué confrère,

R. MENOUT.

Autre lettre d'un sage et vénérable curé du diocèse, que des circonstances particulières m'empêchent de nommer, mais lettre que je peux montrer au besoin.

Bien cher ami, nous vous remercions bien sincèrement de nous avoir communiqué la réponse diplomatique de M. Laroque; quelque sincère qu'ait été l'intérêt que nous a inspiré votre affaire, jusqu'à présent, il n'avait jamais été aussi grand et aussi animé qu'il l'est dans ce moment. Le clergé de la France entière va s'y trouver intéressé au plus haut degré; vous manqueriez à un devoir en le privant d'une aussi haute leçon, en vous arrêtant en aussi beau chemin. Je ne dis pas qu'il soit commode, mais je dis qu'il est glorieux quand on le parcourt avec autant de fermeté et de dignité. Vous savez que c'est de notre intention que dérive le mérite de nos œuvres; pour rendre ici la tâche plus facile devant celui qui voit le fond de nos cœurs, figurez-vous que ce n'est pas seulement une cause personnelle que vous défendez, mais bien celle de tous les confrères, pensants qui fixent sur vous un œil attentif. Il ressort pour vous, de la dernière avanie, dont on a voulu vous abreuver, d'autant plus de mérite et de gloire, qu'elle est aux yeux de tout le monde, plus basse, plus fade et plus dégoûtante. Cher ami, votre calice est amer; pour ne pas en perdre le fruit, unissez-le à celui qui l'a bu sur la croix pour nous tous. *In omnibus fortiter et suaviter agens.* Nous vous embrassons avec cordialité, en vous attendant chez nous : aussitôt la Trinité, notre première communion sera faite, il nous sera facile de causer à cœur ouvert, comme toujours. ***

Pour ceux qui me trouveraient peut-être trop énergique dans ma défense, je veux faire ici la triste mais trop vraie récapitulation de tout ce que l'on a fait ostensiblement contre moi depuis deux ans, et que je suis en mesure de prouver authentiquement :

1. Mon évêque, à la Chapelle-Palluau, m'a frappé d'une suspense indéfinie sans vouloir me formuler ni aucun grief, ni la nature d'aucune faute; mais, comme il le dit, *ex conscientiâ informatâ;*

2. Hésitant sur cette manière inouie de procéder, ou plutôt croyant qu'une suspense m'aurait atteré et fait donner ma démission, il m'accorda, sans que je l'eusse demandé, un sursis de deux mois, qu'il ne laissa pas expirer : mais, au bout de huit jours, il me frappa d'une nouvelle suspense encourue *ipso facto*, pour de nouveaux prétendus crimes commis, depuis la visite de la Chapelle, et toute ma paroisse, avec un certificat en bonne forme du médecin, prouve que je n'avais pas quitté le lit pendant tout ce temps-là ;

3. Il m'a dénoncé au ministre, et tous les autres curés implicitement avec moi, pour avoir fait mon boisselage *illégalement*, et pourtant mes suppléants et mon pro... ont bien fait le leur;

4. Il est venu lui-même à Rocheservière me prôner publiquement en chaire, comme le dernier des misérables, au grand scandale de tout le monde;

5. Il m'a fait dénoncer au prône, moi présent, deux fois, à la face de mes paroissiens, par de prétendues lettres pastorales qui n'étaient, en réalité, que de violentes diatribes;

6. Il m'a fait chasser du chœur par le petit vicaire, au milieu de l'office, devant tout le monde, pour m'empêcher d'assister à la messe, ou pour me forcer à me placer dans mon banc au milieu des femmes;

7. Il a écrit à tous les membres du conseil municipal pour me faire poursuivre comme voleur;

8. Il a poussé tous ceux du conseil de fabrique à se rendre chez M. le procureur du roi pour la même fin. Ce magistrat a refusé. J'ai vu les lettres.

9. Il a écrit lui-même, j'ai vu la lettre, à ce fonctionnaire de me poursuivre d'office, parce que, disait-il. il ne convenait pas qu'il le fît lui-même:

10. Il me faisait écrire, pendant ce temps-là, par son grand-vicaire, d'aller le trouver, qu'il me traiterait en père;

11. Par un déni de justice incroyable, il a retenu mes mandats pendant neuf mois, et, contre la teneur même du décret de 1811, on m'a privé du presbytère et fait payer un loyer de plus de 200 francs;

12. Il a défendu à mes suppléants de confesser mes domestiques. Ils ont été assez bons pour avouer eux-mêmes qu'ils en avaient la défense avant de venir à Rocheservière;

13. Ils ont fait, et ils avaient sans doute la commission de faire sur mon compte, au confessionnal, les questions les plus scandaleuses et cherché à détruire, chez leurs pénitents, la juste confiance que ceux-ci me gardaient encore.

14. On leur a encore, sans doute, donné l'ordre de me refuser le salut dans les rues;

15. On m'a signalé à l'animadversion de tous mes confrères, que j'aimais tant, en leur défendant de me voir, et en m'isolant comme un véritable lépreux, comme un vrai paria;

16. Au commencement, on n'était point en peine de moi, parce que, disait-on, j'allais faire des scandales qui ne justifieraient que trop les mesures de sévérité prises contre moi; mais quand on s'est vu forcé de subir une honteuse déception, parce que je suivais bien régulièrement une ligne de conduite irréprochable et même édifiante, on a fait tout au monde pour me faire dérailler.... ET MON BONHEUR ET MON PROFIT SONT EXTRÊMES DE LEUR DONNER, PAR MA CONDUITE, LE PLUS ÉCLATANT DÉMENTI....

17. La passion ayant fait déloger le bon sens, par une aberration incroyable, on m'a condamné comme voleur, pour avoir dérobé tous les ans, pour les cierges et le drap mortuaire seulement, une somme de 1734 francs à une fabrique qui, dit le jugement lui-même, a tout au plus 1500 francs de revenu en totalité;

18. par un anachronisme inqualifiable, et pour ce singulier vol, on m'a attaché au carcan de l'opinion publique; comme voleur, excommunié, anathématisé, *homicide*.

19. Le métropolitain lui-même, pour lequel je suis plein de respect et de vénération, après avoir vu toutes mes pièces, et, sans doute, toute la bonté de ma cause, ne voulant pas condamner un collègue, a déclaré que mon appel *reçu* n'était pas *recevable*, et m'a renvoyé devant mon évêque pour purger ma prétendue contumace;

20. L'archevêque vient enfin de *juger* qu'il ne *jugerait* pas, après avoir retenu mon affaire pendant deux ans;

21 On m'a attendu, en guet-apens, à la porte de l'église, pour me cracher à la figure et me conspuer indignement, pendant au moins un quart d'heure, devant plus de 50 témoins sans que je me sois vengé, ni dit un seul mot. L'auteur du fait a communié deux jours après. ..

22. Dans une conversation préalable à la séance du 26 avril, mon évêque m'a accusé d'avoir brisé les vases de l'église, pour en voler les morceaux ; d'avoir, en arrivant à Bordeaux, pour me défendre auprès du métropolitain, moi prêtre en soutane, demandé au cocher de la voiture (j'ai grand'honte de le dire !...) où était la maison des plus belles filles publiques........

23. Mon évêque ayant demandé lui-même et obtenu une solution à la cour de Rome, ne me l'a point communiquée ; il l'a retenue pendant sept mois ; parceque, par son *dilata, et parochus recurrat,* elle me rendait mes pouvoirs, je ne l'ai reçue que par le métropolitain, encore après l'avoir demandée deux fois ; mais on a bien prôné partout que Rome approuvait le *conscientiâ informatâ....*

24. Par une insigne contradiction, mon évêque, au lieu de me punir, a fait tout au monde pour me récompenser, si j'avais voulu donner lâchement ma démission et passer pour voleur ;

25. Il a fait un trop déplorable faux matériel, en sa qualité de juge, lorsque, dans sa dernière citation, il assure avoir indiqué une séance pour le lendemain, et que j'aurais fui la veille, dans la crainte d'être condamné ;

26. Il a forcé mon témoin, approuvé par lui, à se parjurer, en désavouant ses attestations et sa signature, comme si ce désaveu pouvait détruire des faits accomplis et matériellement prouvés ;

27. Il m'accuse moi-même d'avoir fait des soustractions frauduleuses aux attestations. L'accusation tombe devant les pièces. La loi ne veut-elle pas que le calomniateur soit puni comme l'aurait été le calomnié, s'il eût été coupable ;

28. Il a défendu de me confesser ; en d'autres termes plus incroyables encore, il a *conseillé* à M. le curé du Poiré de ne pas me recevoir au presbytère ; de me faire laisser ma voiture à la porte de l'église, pour aller chercher mon repas à l'auberge. Il aurait sans doute été bien aise qu'au lieu de donner les *signa emandationis* demandés, j'en donnasse de *scandalosa*.. .

29. On a fait sortir de la poussière du tombeau, où nous l'avions tous enseveli mille fois, son vieux et déraisonnable jugement du 16 août 1847, sans lui donner une pauvre petite loque de nouveauté, *sans pouvoir formuler le plus petit nouveau grief!* Cela ne prouve-t-il pas évidemment que j'ai suivi une ligne de conduite sur laquelle on ne peut pas mordre le moindrement ? N'est-il pas clair que, si on ne veut pas que je sois innocent, on est au moins forcé, par un silence bien éloquent, et qui doit coûter beaucoup, d'avouer que je ne suis ni endurci, ni contumax, ce qui est au moins une grande présomption en faveur de mon innocence si indignement condamnée ! Est-il facile de trouver, dans l'ordre moral, de semblables coupables ? Est-ce ainsi qu'agissent ordinairement les trop infortunés compagnons de mon malheur, censurés justement par leurs évêques ?

Eh ! en relevant tout simplement ces incroyables faits, on m'accuse d'être en révolte, d'être *faux*, d'être *injurieux !*... Est-ce donc ma faute si ces faits sont si durs, si inqualifiables, si incroyables, si affreux, si infâmes, puis-je en changer la nature ? suis-je le maître de mes expressions ? puis-je, pour nommer d'horribles animaux : les tigres, les léopards, les panthères, me servir des mots si doux et si suaves de colombes et d'agneaux? .... et l'on m'appelle *révolté,* quoique je souffre tout ; mais, parce que je ne donne pas moi-même mon cou au bourreau, on m'appelle aujourd'hui pécheur endurci et en révolte ; parce que je ne veux pas donner ma démission, consentir à passer pour voleur excommunié, afin que l'autorité n'ait pas un dessous !... et le métropolitain me conseille l'*humilité qui se soumet en silence !*... Mais, il faudrait donc que je fusse ce que je ne suis point : ou un grand saint, ou un animal, bête, brute et sans animation.

D'après tous ces incroyables sévices, ne croirait-on pas que je suis le plus grand criminel du monde ? et pourtant l'on m'a condamné *ex conscientiâ informatâ!*... Et l'on se plaint aujourd'hui de ne pouvoir mordre sur ma conduite trop régulière et trop exemplaire!... et pourtant, sans pénitence ni restitution, on m'a fait les plus brillantes offres!... Quelle contradiction!... On a déclaré à de graves ecclésiastiques, dans des lettres écrites depuis peu, et que j'ai lues, *que je n'étais que suspens!*... Donc, on n'ose pas maintenir l'incroyable jugement du mois d'août 1847, autrement quelle anomalie!...

Avec la lettre suivante, du conseil de fabrique, je rapporte ici les expressions, peut-être un peu trop fortes que m'arracha, dans le temps, l'indignation contre mes persécuteurs, indignation qui fut largement et énergiquement partagée par tous ceux qui connurent l'incroyable fait dont il s'agit; et sans doute j'ai eu tort. Je ne le ferais pas aujourd'hui. Je rétracte ces expressions.

Rocheservière, 22 avril 1847.

» MONSIEUR,

» La conduite inconvenante que vous avez tenue dimanche dernier, pendant » la première messe, met le conseil de fabrique dans la nécessité de faire cesser » la tolérance dont on usait à votre égard, en vous laissant occuper une stalle. » Vous aurez donc à vous en abstenir désormais.

» *Les Membres du Conseil de fabrique de l'église de Rocheservière :*

» DE BAUDRY D'ASSON, CLÉRICEAU, adjoint, VRIGNAUD, PERRAUT, » DE TINGUY, Alex DE LA ROCHE-SAINT-ANDRÉ, président de la » fabrique. »

Honte sur les signataires de cette exécrable lettre.... On m'a ignominieusement insulté.... Je n'ai pas dit : Ouf! toute l'église en est témoin.... Honte sur des abominables qui se constituent en conseil pour n'être pas attaqués comme calomniateurs... Honte sur des démons qui assurent une chose qu'ils n'ont pu voir, puisqu'ils n'étaient pas à la messe... Honte sur Baudry d'Asson, qui n'était pas à la première messe... Honte sur Vrignaud, qui n'était pas à la première messe... Honte sur de Tinguy, qui n'était pas à la première messe.. Honte sur Perraut, *prêtre,* qui se prête à de semblables turpitudes et qui sait si bien le contraire... Il tremblait en signant .. sa signature le prouve... Il n'a pas osé ajouter à son nom la qualité de prêtre... Honte encore sur Clériceau, qui ne va jamais à l'église... Honte de première classe sur ceux surtout qui ont conseillé un moyen aussi vil et aussi lâche d'une atroce persécution, digne sœur de celle par laquelle on refuse de confesser mes domestiques, et encore de celle par laquelle on voudrait que mon confesseur me renvoyât moi-même... *On a dit que je récitais mon bréviaire trop haut*. . Quelle accusation pour me chasser du chœur!... Le coup était préparé depuis plus d'un mois, avec l'exécuteur des hautes œuvres... que Laroche, le petit vicaire et compagnie sont allés trouver, à Saint-Hilaire, la semaine dernière. Ce petit Malchus a dit que les prêtres devaient obéissance aveugle aux évêques... Quel scandale... quel crime... quel spectacle pour les peuples... On me refuse ce que l'on accorde à tous les gamins du bourg... une petite place dans le chœur, pour la première messe ; bien plus, on m'en chasse publiquement... On me force à rester dans mon banc, encore heureux d'en avoir un, confondu avec les laïques, au milieu des femmes... On voudrait bien que je n'allasse pas à la messe... Quelle sotte barbarie! quelle lâche persécution!... quelle impiété même!. . Si j'ai failli, qu'a fait la Charité ? qu'a fait la Religion ? qu'a fait Dieu lui-même, pour les insulter, pour les outrager ainsi dans ma soutane, dans mon caractère!... et cela un prêtre... par la main des prêtres... les lâches...

Autrefois la justice ecclésiastique arrachait à un prêtre tous ses vêtements sacerdotaux, avant de le livrer à l'exécution... Les misérables.. quoi qu'ils fassent, je ne céderai jamais... Jamais je ne déraillerai de la ligne de modération et de fer que je me suis tracée... Oh! qu'on ferait de moi avec grand plaisir un bel auto-da-fé, si nous étions encore dans les temps des abominables et monstrueux abus de l'inquisition! Il en a été fait autant, m'a-t-on dit, au pauvre curé de Chantonnay. Tous ces coups partent donc de la même main! On dira que j'insulte encore des gens si respectables... Apparemment qu'ils m'ont honoré, eux!...

Ils prêchent la charité à pleine bouche, puis ils distillent la haine et la vengeance à pleins bords!... En racontant une partie des outrages atroces et des injures multipliées dont j'ai été l'innocente victime et le silencieux plastron; abreuvé si largement et si ignominieusement pendant deux longues années, je serai encore insolent et injurieux!... Mais, encore une fois, c'est la faute des faits qui parlent assez d'eux-mêmes et que je ne peux relever autrement; au reste, je rétracte encore ici des expressions trop fortes, que m'arracha, dans le temps, une trop légitime indignation. Il est entendu que M. Baudry d'Asson qui jouit d'une large et juste popularité, a et mérite tous mes suffrages.

Je viens de lire, il n'y a pas encore quinze jours, une lettre adressée à un haut et saint personnage ecclésiastique, dans laquelle, en l'engageant à me recevoir avec bonté, on lui dit de Luçon que *je ne suis que suspens!* Donc ils retirent le jugement du mois d'août, qui m'excommunie, m'anathématise et me dépose. Donc ils ont honte d'une si incroyable pièce, qui ne peut se soutenir; que nous tous, eux et moi, avec le bon sens, avons entièrement broyée. Et comment donc comprendre leur incompréhensible bouleversement de cerveau? Tout en écrivant *que je ne suis que suspens,* ils avaient, pour me déposer, fait sortir du tombeau, où il gît si justement enseveli depuis plus d'un an, et de la profonde ignominie qu'il mérite si bien, sans le ravitailler aucunement, un vieux jugement mort-né aux yeux du plus simple bon sens, et qui ne peut voir la plus petite lumière du jour sans retomber, à l'instant même, dans la honte de son absurdité.... Et c'est depuis cette incroyable résurrection qu'ils ont écrit deux fois *que je n'étais que suspens* ...

On veut ma démission; je la refuse; voilà mon plus grand crime! A-t-on le droit de l'exiger? Dois-je la donner? Non. Je suis inamovible. Ma place est ma propriété; on ne peut pas m'en dépouiller sans raisons extrêmement *graves et prouvées;* sans surtout que je sois contumax et scandaleux; autrement, il y aurait expropriation, injustice, abus de pouvoirs, despotisme intolérable. Si j'ai fait des fautes, il faut les prouver; on peut, on doit même me punir c'est justice, mais disciplinairement et comme le veut l'Evangile, et non me déposséder, me déposer, me tuer... encore faut-il que les fautes soient publiques et scandaleuses. Des conciles œcuméniques, des statuts, des canons, des constitutions exigent qu'il y ait *diffamation publique.* Et c'est justice et sagesse; car qui a le droit de fouiller dans la vie privée? Royer-Colard l'a dit, elle doit être murée. Un prêtre n'en est comptable qu'à Dieu, à son confesseur et à sa conscience. Elle ne peut jamais être justiciable des tribunaux extérieurs. Si les tribunaux et juges extérieurs pouvaient la scruter et la punir, depuis le dernier petit laïque jusqu'au plus puissant monarque, jusqu'au plus saint évêque, qui serait sûr de ne pas être rigoureusement châtié? Celui qui le serait le plus sévèrement serait souvent celui qui parait le plus saint! *Si iniquitates observaveris Domine, Domine, quis sustinebit! Omnes nos erravimus, qui dicit se sine peccato esse, hic mendax est, et in hoc veritas non est. Non est innocens etiam laudabilis hominum vita, si remotâ misericordiâ, discutias eam.* Oh! si l'on déchirait le manteau de charité qui paraît couvrir tant de vertu louée par tout le monde, quel monceau de turpitudes et d'infamies vipérines on trouverait!... Un supérieur ne peut demander à son inférieur qu'une vie extérieure sans reproche, et c'est encore beaucoup! Heureux, mille fois heureux celui qui peut dire : Je fais du bien et j'édifie extérieurement sans faire aucun scandale! Qu'on le trouvé, celui-là, et nous dirons *Quis est hic? et laudavimus eum!*

Je suis insulté, vilipendé, injurié au-delà de toute espression; ils ont voulu briser, avec autant de barbarie que d'injustice, ma double existence de prêtre et d'honnête homme, et ils crieront à l'injure comme ils auraient crié au feu pendant le déluge.

Ceux qui ne sont point intéressés dans l'affaire trouveront mes raisons excellentes et péremptoires; ceux qu'elles blessent et humilient, les trouveront mauvaises et détestables : la corde la de soie plus brillante et la mieux filée ne peut pas paraître belle aux yeux d'un pendu!...

Si je suis innocent, mes accusateurs sont coupables du plus grand crime; un assassinat moral!.. SI JE SUIS COUPABLE, IL FAUT POUR MOI LES GALÈRES A PERPÉTUITÉ!...

PIVETEAU, curé de Rocheservière.

Rocheservière, 1er janvier 1849.

Ad sanctum patrem papam Pium IX. — Appellatio tertia.

SANCTISSIME PATER,

Ut prævidere facile erat, et ut ex dictis à me poterat suspicari Vestra Sanctitas, ne suffraganteim condemnaret renitentem, sed magis fortassé propter solutionem *de conscientiâ informatâ* Romæ datam, variasque observationes ei adjunctas, meam recusavit appellationem Metropolitanus. Parùm mihi displicet; ex hinc enim ad vestrum tribunal mea res tota defertur. Jàmjàm habuisse acceptas meas duas priores, sicut et hanc tertiam appellationem, Vestram Sanctitatem fidenter spero, et judicium quam primò prolaturam. Omnia sanè judicandi elementa a deam misi, et certé recepit. Me non adhuc passurum et sine condemnatione ut jàm condemnatum, intelliget Vestra Sanctitas. Pœnas omni modò maximas, duobus annis perpessas Vestræ non repetam Sanctitati. Jàm novit, et veré compatitur, si *parva licet componere magnis*, nisi esset notissima vestra bonitas, ei dicerem, me primo crudeliter dolente cùm omni orbe christiano, se nunc magis, nefandâ sæviente experientiâ, posse dicere : *miseris succurrere disco!* ut ab hoc intolerando malorum diluvio me extrahat, appellationem suscipiat, quam primùm judicet ad pedes Sanctitatis Vestræ ardenter supplicans, junctis manibus, summé reverens, Vestram enixé deprecor Sanctitatem. Judicium quidquid, judicium quomodo libet, sed judicium!... Pati non possum, condemnari non possum, injudicatus! non certé, non contumax! quœque sint emendationis signa, dare paratus, modò sint mihi possibilia facileque danda. Benedictionem apostolicam simul ac dulcé paternalem peto, semper profundé venerans, semper ardenter amans, semperque summé subditus.

Sanctitatis Vestræ, in Christo filius et servorum humillimus.

PIVETEAU,

Parochus vulgò de Rocheservière, diœcesis Lucionnensis, in Galliâ.

Die 23 januarii, an 1849.

Nantes, imp. V. Mangin.

www.ingramcontent.com/pod-product-compliance
Ingram Content Group UK Ltd.
Pitfield, Milton Keynes, MK11 3LW, UK
UKHW012111240726
13965UKWH00004B/1705

9 782013 041058